一切的矛盾、对错、好坏
在庄子的世界里都不重要，
"大宗师"正反而言亦是。
就如您在这本书的封面和封底看到的一样。
所以，您在小梁的笔记里看到的
一切矛盾、对错、好坏也是自然的了。

|梁冬私房笔记|

梁冬 说庄子

梁 冬 ◎ 著

大宗师（上）

SPM 南方出版传媒 广东人民出版社
·广州·

作者序

不管世界如何变，
我们永远要关心不变的东西

在这个善变的时代，我们需要学什么

有人问我："在这个善变的世界和时代里，我们要不要做一个机会主义者呢？"我说："我在广东的时候，认识一些做生意的人，他们做过装修，卖过烤鸭、BP机、钢材，搞过房地产……我发现，他们身上有一个特点——讲不出商业模式，所有如今在互联网上特别流行的新兴事物——比如O2O、P2P、C2C、OMO、互联网+……他们都不会，但他们会赚钱，而且总能赚到钱。"

我觉得，他们中有很多人虽然学历不高，但因为是在社会的摸爬滚打里学习到人到底要什么。他们擅长用原始的方法发现人本能需要什么，而不是因为某个道理而应该要什么，也许，发财不需要什么道理——他们也可能从来不知道赚钱还要讲很多道理。所以，我看见很多人去上了商学院之后，企业就做失败了。

小梁后来观察了一下，那些对商业名词、商业逻辑很敏感的人，大多没有创业成功。创业成功的人总是用一种全新的方式思考问题。

比如很多人都看不懂"今日头条"，为什么会在推送新闻的中间又加视频，又加抖音，还加问答……这到底是不是用多余的钱做多余的事？我们另外再看，为什么其他各大互联网公司也在推送类似今日头条所做的内容，可是推送率总是差一点点？

有一天，我跟一位百度的前同事聊天，他跟我说："很多人都误会了今日头条，以为它是一款把新闻资讯内容推送给消费者的APP。"

我说："难道不是吗？"

他说:"最大的区别就是它的逻辑,这跟我们所认为的,当某位用户使用的时候给他贴上标签,再不断地把内容推送给他不完全一样。"

我说:"到底有什么不一样?"他说:"大概是今日头条更把要推送的用户当作一位全然的人来看,而且通过用户所看的文字和点击的数量、时间等信息,综合地思考人们很多隐性的需求。"

我说:"你想说明什么?"

他说:"很可能今日头条在算法上掌握了一种高于现在大部分人做标签化信息的思考维度,它是全然地在特别简单的游戏规则里面做事情。它的算法可能很简单,起码原则上是。"这就让我想起了AlphaGo和AlphaGo Zero的区别。AlphaGo是向人类历史上成就最高的、已成形的棋谱学习。

但一盘围棋横竖就那么多格子,它输赢的可能性有多少呢?恒河沙数!有宇宙的原子数量那么多的可能性,而过往人类下棋的方法,可能连这些可能性当中的5%都不到。

AlphaGo 是向人类的经验学习，根据这些图形做出算法，发展出了一套超于人类的打法。但 AlphaGo Zero 不是，AlphaGo Zero 连棋谱都不用学，它只有一个原则——赢，它的套路就是自然进化，运作速度极快。

AlphaGo Zero 有一套属于自己的算法，以至于它不仅仅让当今世界的所有围棋高手感到震撼，甚至一盘不落地完败 AlphaGo（您认为这里用"完败"还是"完胜"？我查了一下，发现"完败"和"完胜"是一样的，"完败"只有在后面加上"于"，才表示输给对方）。而且 AlphaGo Zero 的养成时间远短于 AlphaGo。

通过人类、AlphaGo、AlphaGo Zero 在围棋领域的博弈，我们看到了一种可能——在人工智能领域里，我们可以不再向人类学习，或者不再向人类已有的经验和规则学习，只向那个最简单的规则学习——如果是学围棋的话，只向那个叫"赢"的规则学习。

直接绕过你的老师，向自然学习

没有人知道在人类与智能机器人博弈的过程中到底

能学出什么来，也没有人知道应该如何思考。所以，《大宗师》要告诉我们的是什么呢？

从标题上来说，《大宗师》讲的就是以"大"为宗师，"大"指的就是宇宙的本体，那个全然的、全息的世界。而"大宗师"的意思就是：**直接绕过你的老师，向自然学习。**

其实，我们忘记了，中国武术的真谛最开始并不是老师教的，都是向动物学习得来的。所以为什么会有虎拳、蛇拳……就是因为那些古代的练家，经过长期观察老虎、蛇、熊、猴子在自然界中种种攻击其他动物、保护自己的方法而总结出来的。

所以，**向大自然学习，就是跳过老师，忘记老师教的逻辑和概念，直接向最开始的规则学习**，这就是庄子在《大宗师》里面讲的道理。

所以，《大宗师》在不断地提醒我们，老师总结出来的经验，一方面可以让我们很方便地学习，但另一方面可能严重影响了我们的想象力。我们以前喜欢背口诀，比如九九乘法表：三七二十一、四九三十六、九九八十一……虽然这个方法很方便，但后来没有发展出一套关于数学之美的提问，它把数学的美和背后与这同频共振的那个美变成了一系列师父教给你的口诀，上手是快，但是一定会让我们的想象力受到某种限制。

其实，小孩子背九九乘法口诀表就跟背《论语》似的，刚开始根本就不理解。先背诵这种方法在学习的初级阶段，在微观是有效的，因为这种方法太方便了。

但是太方便的方法反过来在中观和宏观是阻碍人类思维发展的。

直接向环境学习，而不是向逻辑和规则学习

AlphaGo 和 AlphaGo Zero 最大的区别恰好说明了人工智能近几年突飞猛进的变化——**不再向人类学习，不再向人类过往的经验学习，而是超越人类。这是整个人工智能将会在维度超越人类的主要原因。**所以，将来不是人怎么和机器竞争的问题（因为没得竞争），而是人怎么和剩下的人竞争的问题——谁先融入机器当中成为超级

人类,再回来看以前那些很努力的人的区别。

这让我想起另外一种情形,我们小时候很努力地学英语,学习 the、at、in、on 的用法,学习很复杂的语法——我们学的不是英语,我们把英语学成了英语学;我们学的不是语文,我们把语文学成了语文修辞学……我们学得很辛苦,背了很多单词,虽然考试成绩也不错,但是仍然无法像以英语为母语的小孩那样不加思索地说英语,因为他们虽然在大环境里面没有学,但每天都会用——直接向环境学习,而不是向逻辑和规则学习。

《大宗师》说的就是打破对规则的迷恋。

因此,在人工智能时代,我们要做就做非经验主义者、非规则主义者,尽量不要向已有的经验和规则学习。在庄子那个年代,庄子提出的规则就是向宇宙万物学习。为什么《大宗师》是《庄子》里面我非常喜欢的一篇,主要原因就是它不断地告诉我,老师是什么人——老师根本就不是告诉你如何成功的人,只是告诉你,他也有局限,让你产生自己有超越他的可能的信心之人。

老师分为两种，一种是你隔着课堂（或者隔着APP），作为消费者去买他的知识；另外一种是你天天跟他生活在一起，他把自己被老婆折磨、被笨蛋儿子折磨、被不靠谱的父母折磨，然后狼狈地把落荒而逃的样子真实展现给你看的人。如果你能够有幸见到一位你以前认为很了不起的大人物窘迫的样子，你就会生出一种"原来他也就这样，我可以超越他，直接向他的源头学习"的信心，这就是大宗师。

为什么一定要尊重年轻人？因为现在的"90后"、"00后"根本就不向"50后"、"60后"、"70后"、"80后"学习，他们没有历史包袱，直接就向原点和规则学习，直接进入非规则主义时代。甚至到了我儿子这一代（"10后"），现在学英语就是玩，根本不认真学英语——其实根本就不需要学英文，理论上来说，三五年之后可能会研究出一款可以直接兑换知识的相应产品，还学什么英语呢？

所以，对于他们现在这一群小朋友来说，我们所有过往学习的经验、成功的经验、失败的教训、人生的体悟……在他们眼里可能连狗屎都不是，因为都不在一个层面上。他们觉得老一辈的运算速度太慢了，解决一个问题还需要你们来告诉我们吗？我们直接在网上查就可以了。

有一天我收到一份邮件，要打印出来，正好我对面坐了一位刚来没多久的小伙子，他还没有连上打印机，我把邮件用微信转发给他，过了一会儿他就打出来了。我说："你可以啊！怎么连接的呢？"他回答我："面对一位年轻人，你要做的第一件事情就是不要问我是怎么干成的，我们有你们不能理解的方法。"

所以，我认为中国的年轻人是有希望的，主要原因就是，他们根本不向老一辈学习，而是向老一辈的老师的老师的老师……学习。最开始的老师是什么？是宇宙万物，是世间规则，是人情冷暖，是无所谓的界限……

因此，经验主义可以在刚刚开始入门的时候拿着玩儿，但是你一定要知道学习经验的终极目的是要抛掉经验。这就是形意拳到意拳，意拳到最后就没有形了。但还是要先有形再有意，最后超越形意。

这就是 AlphaGo 和 AlphaGo Zero 的差别,作为人类的共同体来说是需要这样一个过程的,但对于个人来说可能不是,有可能对于某一单个的生命体来说,开始就不需要形。

永远要关心不变的东西——消费者的需求

永远不要被自己所在的行业、所在的公司所束缚,永远要去倾听消费者的心声,而且把他们作为完整的人来看待。如果你理解不了这点,就根本无法理解新兴的这几家公司,比如美团、大众点评、今日头条、滴滴,等等,没有一家公司用的是像以前那样垂直领域里面的打法,这一拨新的互联网公司跟上一拨公司(比如腾讯)从开始就不一样,他们开始的时候就很清楚、很快速地进化到全平台上面。

但是这种全平台跟以前什么都做,却什么都没做好的平台有什么区别呢?

最大的区别就是全平台完全是站在消费者的需求上展开。以前没有对消费者数据有全然的了解,只能靠经验，但是经验是有限的，所以只能在某一个局部领域里面生根。

这个逻辑当你从宏观到中观到微观的层面上不充分了解广大的消费者，或者说不能从大数据层面上到每一个个体精准描绘的情况下很难真正理解，你很难站在消费者的世界看问题。因此，**要站在消费者的角度看问题，而不是站在供给者的角度看问题。**

新兴的这几家公司全部进入全平台，而且都做得很成功的原因是，它们全部都是反向的。有一个很成功的例子就是"亚马逊"，亚马逊的战略一直都是站在无视"应该卖书或者卖什么"的角度。

为什么亚马逊会成功？因为亚马逊是最早在互联网公司里面拥有会员制体系的公司，所以在美国互联网发展的初期，只有亚马逊拥有每一位消费者的家庭地址、信用卡号码、所看的书的信息（书的文字背后就是你的世界观，你看一本书就是你所关注的东西）……所以亚马逊是从每一位活生生的消费者的数据管理模式出发，这是亚马逊能够做数据运营的主要原因。

所以，贝佐斯说了一句话——很多人都关心战略，关心技术的变革，但是很少有人关心不变的东西。我们做事情就是要关心不变的东西。什么东西不变？消费者的需求。

《大宗师》讲的是什么？我们要向天地学习，了解世界永远处在摇摆的过程当中。所以，假如你是做服装的，这两年卖短裙，过两年卖长裙；这两年卖白衬衣，过两年卖黑衬衣，然后再回卖白衬衣……你要知道世界是摇摆的。

人就是因为心不定，才构成了人。所以，你只要了解人性、了解世间万物总是处在起承转合的过程当中，就可以在不同的阶段做目前这个阶段应该做的事情。因为你的内心没有"我应该是谁"的自我要求，你只有像水一样不断地向游戏规则学习，水所面临的游戏规则就是从高往低，碰见东西之后绕过它——"水利万物而不争"，就是因为水是最能够向地球的地形学习的物质。

"人法地，地法天，天法道，道法自然。"水的形状受到地形的影响，地形是什么形状，水就"长"成什么形状。所以《大宗师》就是让**我们放弃对自己标签的定义，让自己向一个更大的原点学习。原点其实只有三个：向大自然学习，向人性本来的面目学习，向时间**（周期）**学习。这就够了。**

有了这种状态之后，在什么阶段就学什么东西——临时下载。如果真的有了这种思维，你今天去一家医院，两周之内或者三个月之内就变得特别像医院里的"老人"；跳槽到了一家工厂，在三个月之内就能变成工厂"原生态"的人。如果你能做到这样，怎么会失业呢？因为你很快就会"长"得跟他们一样。

这仅仅是梁同学的私房笔记，必有各种不究竟，恳请斧正。

梁冬（太安）
2018戊戌年夏于自在喜舍

大宗师

目录

第一章 相信万物皆有生命

003　一切事情最开始的"师父"是什么

006　匠人精神：相信每一样东西都是有灵魂的

010　把大道作为师父

012　人们只能通过看得见摸得着的东西
　　　去感受看不见摸不着的价值

第二章 做一个不被自己内心成见影响的人

019　做人要做非机会主义者：
　　　不嫌少，不嫌多，不夸功，不求名，不后悔

022　超越成见

028　我们的意识可以改变很多生理指标

030　真人到底是什么样子的人

第三章 你是不是常常被喜欢的东西绑架

037　我们为什么会
　　　"白天要做事儿担心，晚上要做梦操劳"

040　追求美好没有问题，
　　　求而不得后的不甘心、怨恨才是问题

042　精进，从调整呼吸开始

046　不要浪费任何一次呼吸

048　真正的聪明人，都在暗下"笨功夫"

051　一个深长匀缓呼吸的人，
　　　自然有其容止之魅力

第四章　**不需要花时间去原谅别人，
　　　　连原谅别人的努力也不要有**

057　别人在智力上、语言上都显得比你强，
　　　不一定是他们的胜利

060　一定不要试图努力地去原谅别人

063　如何才能够吸入更多的氧气，
　　　在于你能否呼出更多的恶气

065　欲望浅了之后，
　　　自然而然各种好事儿就会接踵而来

068　人的欲望很容易成为被别人握住的把柄

071　为什么很多好人，总是让人敬而远之

第五章　**每天，我们都在体验轮回**

077　开始的时候就自然地开始，
　　　结束的时候就自然地结束

081　每一天真的仅仅是昨天的拷贝吗

084　生命就是圆环套圆环

第六章 最重要的幸福都不是花钱买来的

091 不与四季的能量对抗，
不放大自己的分别心

094 任何刹那间的放松都弥足珍贵

097 人生一定要有什么意义吗

100 不要让孩子过早地赢在起跑线上

103 不理解什么是"道"，
就看看得"道"之人是什么样子

106 圣人心中没有个人，只有大方向和主流

第七章 自己都不相信的东西，
怎么会让别人相信

113 欣赏音乐就是让你身体的频率去感应乐章的频率

115 心里面有远近亲疏的，就得不到普遍的人心

119 没有在利里面看到害、没有在害里面看到利的人，
都不是君子

122 不要轻易被别人肯定的眼神所绑架

124 我们的分别心从哪来呢

127 做一个不被自己性格绑架的人

130 读书的快乐，来自"反刍"

第八章 一定不能放过的好男人
——有义气且不经营小圈子的人

- 135 警惕那些想用奉承来与你交换利益的朋友
- 138 不想获得别人的认同,也不反对别人对自己的不认同
- 142 管理上级、管理下级和管理自己,最简单的窍门就是——慢一秒
- 146 有一种品位叫"除了最好的,宁可不要"
- 149 有些人的心肠为什么冷
- 152 不出手则已,一出手要马上解决问题
- 157 向任何一个人学习都不如向天学习
- 160 向大自然学习的力量
- 163 重要的事都不可能被写在书里,因为能够告诉我们的都不是真相
- 166 以自然为师,而不是以人为师

第九章 在算法为王的时代，生死、爱恨不再绝对

- 171 一切生命都是应时而生、按时而化
- 173 一切都可以被运算出来
- 177 为什么有很多东西我们无法作出预测
- 180 心有"大道"，却做着"小盗"
- 182 人生的悲剧——相濡以沫
- 186 如何得到"相忘于江湖"的自由
- 189 追风口有什么下场
- 191 到底什么是我们人生的使命
- 194 我祝愿你一百个梦想都不会实现
- 198 "在无奈之中寻找快乐"是一种重要的生存能力
- 201 一别两欢，各生欢喜
- 204 企图拥有某样东西，注定是绝大部分痛苦的主要源泉

第十章　有一天，虚拟世界会变成真实世界

211　心传的东西妙不可言
213　当你真正获得"道"的时候，
　　　就可以心想事成
217　人应该以什么样的方式
　　　成为虚拟现实当中的一分子

第十一章　哪些人、哪些事可以"长生不老"

223　有些人年龄很大了，面色却如孩童一般
227　这是最好的年代，也是最坏的年代
232　原来人也可以这样活
235　时间可能是个假象
239　如果一切只不过是场游戏
242　所有见地都从疑惑中来
245　整个人生中，我们都不过是一个玩家
248　很多问题值得我们问

第十二章

**一切问题，
　都来自内在对自己的不认同**

255　"有尻用啊"到底是什么用

258　明明可以做实力派，
　　　为什么非要追求做偶像派不可

261　我们都活在成见中

264　对父母不孝，本质就是不认同"自己"

266　接受"失去"，积极地拥抱"失去"

269　人生就像一个沙漏

272　你又多过了一天？
　　　还是没有过的生活又少了一天

276　不要惊动即将变化的人

280　是否可以按照自己的意愿，
　　　去成为自己想成为的人

282　到底应该如何处理业力和愿力

第十三章 自己没有灵魂，怎么会有灵魂伴侣

289　一个人想要什么，只能说明他稀缺什么

291　真朋友总是"相视而笑，莫逆于心"

293　人生最需要做"减法"

295　如果创业仅仅是为了赚钱，凶多吉少

297　真人如何活

299　生命没有意义，只有行走，只是过程

302　没有灵魂的人，怎么会有灵魂伴侣

304　礼是尊重的艺术

307　对平常心的享受是礼的最高境界

309　你觉得什么东西重要，你就会对什么东西尊重

313　活在方内，心在方外

316　人世间需要一种寸劲儿

320　在婚姻里都不能获得自由的人，离婚之后也不会自由

第十四章 人间是剧场：入戏容易出戏难

325 重要的事情，都值得一而再再而三地讲

327 每个山东人内在都住着一个孔子

330 你在做托儿的时候，还有人在托你

333 一个好演员要"进得了戏"，
还要随时"出得了戏"

336 人生没有白走的路，每一步都算数

339 最好的活法："哀而不伤""乐而不淫"

341 梦里也是梦外

344 人生是从一个无常来到另一个无常

346 "方"内"方"外皆自在

第十五章 要向大自然学习无情

351 在尘世间打完滚之后再说"从容"

354 一个人想要获得所谓的解脱，
必须向大自然学习"无情"

357 哪有时间去争论，哪有时间去愤恨

第十六章 当你犹豫该不该做的时候，就坚定地不要做

363 "坐忘"的快乐很酸爽

366 从现在起，删除所有不必要的东西

369 一件事情到底该不该做的标准是什么

373 没有精明，浪漫总是显得不那么有力量

376 父母太严格，儿女就不那么贴心了

379 设置几个按钮，活在若干个平行宇宙空间

382 唯其小，才能在每个场合里都能够游刃有余

第十七章 多余的欲望只会带来多余的烦恼

387 万般皆是命吗

389 每一个人的命都很奇怪，可以改变吗

393 如果你不能改变父母、时代，
那就改变你的小环境

396 "人生如鼠，不在仓，则在厕"

398 孔子温暖、善良、讲规矩，
而庄子"圣人不辩"

401 结果一样，
孔子和庄子的"心智模式成本"谁更高

403 你想做一个改变世界的人
还是一个改变世界观的人

附录

406 《庄子·内篇·大宗师》

大宗师

> 能够活到上天给予的寿命，不至于半路上过早地死亡，这就是智慧的极致表现。

第一章

相信万物皆有生命

原典

知天之所为,知人之所为者,至矣!知天之所为者,天而生也;知人之所为者,以其知之所知,以养其知之所不知,终其天年而不中道夭者,是知之盛也。

虽然,有患。

夫知有所待而后当,其所待者特未定也。

庸讵知吾所谓天之非人乎?所谓人之非天乎?且有真人而后有真知。

一切事情最开始的"师父"是什么

有一次,小梁和太安私塾的同学们去京都游学。京都拥有两千多座寺庙,其中可以看到我国唐朝时期寺庙的建筑风格。那里有无数禅师,也有很多奔着美食来的中国的"馋"师。这两类 chan 师会聚在一起,形成了京都独特的气象。

另外,身处京都总是隐隐地给我一种穿越时空的感觉,仿佛坐在某个庭院里抬头望天的时候,远处传来了表演能剧的声音——如果你看过 20 世纪 80 年代的日本电视剧《姿三四郎》的话,脑海中应该能够浮现出那个场景吧。(你知道《姿三四郎》的导演是谁吗?是黑泽明。原来,黑泽明也拍过电视剧啊。)

为什么我要铺陈这些内容呢？因为我觉得京都有一种气象——基于历史沉淀所累积的与道同齐的力量。

京都有很多做扇子、铁壶、手镯的工匠。我们去过一个做扇子的地方，他们家的工艺已经传承十几代人了。墙上随随便便挂着的都是三百多年前，这个家族的爷爷的爷爷的爷爷的手工艺作品，尽管那里只有一个很平常的小门脸。

我想，本来成都、西安和广州也是这样的地方——我们本来是可以活在传统当中的。现在，我们必须活在崭新的传统当中，而这些传统最重要的作用就是，让我们看到某种变化之中的不变。

京都这个城市很有意思，一方面，它有经营了上千年的手工作坊；另一方面，它有稻盛和夫的京瓷（读过《活法》的人都知道，稻盛和夫是一位经营之神）这样研究精密科技的公司。我们还去了松下政经塾——研究和传承松下幸之助思想的文化机构。除此之外，京都还有欧姆龙、任天堂，以及很多高精度器械制造公司。

所以，我们在京都感受到的是别样的传统，一种在时代的变化中焕发出来的有趣的精神气象。

开篇讲得稍微有点儿远，可能你会觉得和《大宗师》无关，但其实是有关的。**在京都，你会自然而然地感受到，随随便便一个小小的门脸后面，都累积着若干代匠人朴素无名的大师传承。**

从字面上来理解，我以为《大宗师》推崇的是一个人如何成为一代宗师的方法。当然，这个解读也没有错。爱新觉罗·毓鋆老师对此的解释就是，一切事情最开始的"师父"是什么？我们可以向它学什么？我们如何师从那个最开始的源头呢？

其实，在老庄那里，引出万物的东西，就叫作"道"——世界和宇宙的本原。

匠人精神：
相信每一样东西都是有灵魂的

  我认为，松下幸之助和稻盛和夫都可以被称作现代企业经营的宗师级人物。在松下政经塾，我看到一个很大的、松下幸之助先生手写的"道"字。

  从京都小小的、有传承的铺面，讲到松下电器和京瓷公司的创始人，其实我是在和大家探讨他们都有什么相同的地方。

  很多人都说日本人具有匠人精神，其实这种精神在中国古代早已有之。无论在《庄子》的内篇还是外篇里，都探讨过很多这样的事情。

　　用我们现在的话来讲，对一个超级玩家来说，无论他是玩企业、玩铁壶，还是玩社团，甚至把自己的"人生"也当作游戏来玩，他一定具有和其他超级玩家共同的情绪模式和心智模式。

　　我们在松下政经塾的时候，一位在日本长大的韩国人和我们分享了他的观点。他对松下精神乃至日本传统文化、宗教等都进行过深入研究。

　　他认为，在很长一段时间里，**日本的匠人相信每一样东西里都具有灵魂，所以才会对它们抱持超越对器物的尊重，这才是工匠精神背后最重要的心智源泉——每一样东西都是有灵魂的，每一样东西都是有智慧的，每一样东西都是有生命的。**

　　以前，我觉得这个东西很古老，甚至有一点儿迷信色彩。然而百度公司在发布 AI 战略的时候有句口号，叫作"唤醒万物"。在人工智能来临的时代，一个音箱可以是家里的仆人，它会帮你烧水、关灯、调节室内温度和湿度；一个电饭锅，可以下载程序，记忆家里不同的人吃饭的健康模式；一个马桶，也可以下载程序，对排泄物进行检测分析，并上传身体报告给你……这些都暗示着万物皆有生命。

传统手工艺人相信的器物背后都有灵魂这件事，在人工智能时代，居然呈现出一模一样的信仰，使得"万物有灵"不再是过去的迷信，而是一种新的"迷信"——"人工智能"。

《大宗师》讲的就是这种精神。所谓向天学习的方法，就是把自己当作软硬件统一的智能终端，调整为能够与云端结合的状态。学习无非就是上传和下载，而这其中主要是下载。这样的人和事就符合"大宗师"精神。

看到这里，大家难道不觉得，历史的车轮看似向前滚动了很久，却并没有走出多远吗？

庄子用《大宗师》的篇名来和我们分享一种世间的状态，如果有一天，人工智能和人的结晶——超级人类或真人，在其与宇宙最深处的智慧相连接后，就可以无罣碍、不期盼、不存储。而且，这种精神的终端可能不是一个人，而是一件器物、一件衣服、一棵树，甚至是一个房间，当然也有可能是一群人。

把大道作为师父

按照爱新觉罗·毓鋆老师的解读,"大宗师"就是把大道作为师父,以"大"为宗师,而这个"大"就是大道。用现在的话来说,就是把云端的全部数据和知识作为根本,随时从那里下载,随时与它保持沟通的心智模式和能力,这就是一种新时代的"大宗师"精神。

当有了现代版的理解之后,再去读《庄子》,你会看到更加熟悉、亲切,穿越时空的《庄子》。尽管之前,小梁有一点儿神情恍惚,跳出了对《庄子》的迷失、迷信、执着、偏爱、珍爱……甚至担心万一庄子不像我们想象的那么伟大呢?其实,对我们来说,庄子本人有没有那么伟大不重要，重要的是庄子讲的东西在今天都被印证了。

《人类简史》的作者尤瓦尔·赫拉利不断强调，在三百年以后，人类作为占据地球主流物种的可能性大概很低，因为万物皆可能成为有灵魂的东西。

人工智能下载到人形状的载体上就成为人，下载到电饭锅上就成为超级电饭锅。以后，也许你把一个受精卵放在类似电饭锅的东西里面，十个月之后，就会有一个小孩儿掀开盖子叫你"爸爸（妈妈）"。

你一定不要对此感到诧异，如果这个长得像电饭锅的人工子宫具有联网功能的话，它凭什么不能成为孩子的亲生父（母）亲？

当理解了这种精神，再去看《大宗师》，相信你就会豁然开朗。

人们只能通过看得见摸得着的东西
去感受看不见摸不着的价值

我用人工智能给《大宗师》的开篇做了个跨界的注解——《大宗师》以"大"为宗师,而这个"大"就叫"大道"。

开篇的时候,庄子进行了一番阐述:"知天之所为,知人之所为者,至矣!知天之所为者,天而生也;知人之所为者,以其知之所知,以养其知之所不知,终其天年而不中道夭者,是知之盛也。"

这段话是说,能够知道天道和人世的,应该算是无所不通了。明白天道,可以顺着自然而生;明白人世间的道理，用智力所能知晓的养生道理，去保养智力所不知晓的寿命。也就是说，当你能够与周遭环境和谐相处，就可以让寿命延长到自己都不理解的程度——你也不知道为什么长寿，总之只要舒服就可以了。

南怀瑾老师在《庄子諵譁》中讲道："庄子首先提出来，对于自己生命的把握；人的生命是自己可以做主的，并不是说会那么短命的。人为什么短命呢？道家思想同佛家思想几乎相同，认为都是自己糟蹋的，自己活该，是自求快死的。"

能够活到上天给予的寿命，不至于半路上过早地死亡，这就是智慧的极致表现。

接着，庄子说："虽然，有患。"意思就是，虽然这样说，但还是有问题。

庄子认为，**必须要看我们运用智慧的对象为何，才能知道用得对不对。**这就好像在说，爱情是可以拥有的，但前提是你要爱一个正确的人。

你怎么知道自己运用智慧的对象是否妥当？何况他还一直都在发生变化——这种变化总是不靠谱的。所以，我们要去寻找那些真人来了解真理。简言之，就是我们不知道这事儿靠不靠谱，因为真理是看不见的，所以，我们要通过对获得真理之人的行为模式的研究，去揣度真理。

如果我说"云端"你能理解吗？什么是"阿里云"？什么是"腾讯云"？只有通过阿里云和腾讯云等云应用，才能够理解云的服务。所以，对道的理解，就要通过对掌握道之人的理解来做出揣摩，这就是为什么做软件的公司最后都要有自己的硬件产品。因为软件是看不见摸不到的，人们很难为软件服务来付费。

比如，安卓系统现在都还没有什么收费的模式，为什么谷歌这么值钱，但还是不如苹果公司值钱？就是因为苹果公司有硬件产品。虽然苹果公司有 iOS 系统来为它与用户的连接做服务，但是，最终变现能力最强的还是苹果手机。这也就是亚马逊已经拥有那么大的数据处理能力，却还要做 Amazon Echo 音箱的原因。

人们只能通过看得见摸得着的东西去感受看不见摸

不着的价值。

但是，如果没有软件系统的支持，硬件也是不值钱的。假设你到珠江三角洲找几个人，给他们几张设计图，也能够做出和苹果差不多样子的手机，但是，你会发现根本卖不出去，原因就是没有 iOS 应用操作系统，难道不是这样吗？

所以，庄子提出了一个很有趣的话题，他说，我们要先有真人，才能够有真知，只有通过对真人的观察和理解，才能够去理解真知。

通过看得见摸得着的智能终端硬件——人，去理解他所感应连接的那个软件和后台的操作系统，以及"云端"的服务。在这里，将其比喻成云端，可能不完全究竟。其实，那个数据包也可以被称作"阿赖耶识"（佛教中指过去、现在、未来，或者无过去、无现在、无未来，一切有情无情众生的所有信息集合），它有自己运行的法则，也就是道。它无形、无色、无相，但能生成一切、拥有一切、收纳一切、呈现一切。这就是《大宗师》的"大"所呈现的东西。

大宗币

> 我们的意识和内在成见非常重要,以至于可以改变我们的生理指标。

第二章

做一个不被自己内心成见影响的人

原典

何谓真人？古之真人，不逆寡，不雄成，不谟士。若然者，过而弗悔，当而不自得也。若然者，登高不栗，入水不濡，入火不热。是知之能登假于道者也若此。

做人要做非机会主义者：
不嫌少，不嫌多，不夸功，不求名，不后悔

何谓真人？古之真人，不逆寡，不雄成，不谟士。若然者，过而弗悔，当而不自得也。

庄子就是在说，这种人性格上的特点就是，不嫌少，不夸功，不求名，错过时机也不后悔，诸事顺遂也不得意。简单地说，这种人是非机会主义者。

很多人都说，前两年的O2O没赶上，这两年的P2P又没赶上，共享经济大潮再赶不上，这辈子就完了。其实，我认为并不是这样的。因为庄子提到的真人

就不是机会主义者,他们不会后悔没赶上好时代,得到的多也不觉得多,得到的少也不觉得少。

我认识一个朋友,他跟我们去吃面,多给他一碗,他也能吃;大家在街上逛,一个半小时没有找到地方吃饭,他也没说饿。如果认识这样的朋友,你是不是觉得他还可以,比一般人牛?如果有这样的朋友,你一定要珍惜他,起码他在肠胃上是接近于真人的。

这样的人状态很好,多吃也不嫌饱,少吃也不觉得饿,不吃也不觉得怎么样。打个不太恰当的比喻,若给这样的人十个女朋友,他觉得也可以,一年不让他接近女色,他也不焦虑,这就是不嫌多、不嫌少,多少都可以。

不会因为多而烦恼,也不会因为少而愤怒,这就是真人。

他既不夸功也不求名,帮女同学拎过包,也不会到处跟人说:"我已经超越了普通男人的境界,一般男人谁愿意帮女人拿包?你看我今天就帮女同学拿了包。"

拿了一分钟，却讲了十分钟。如果你发现身边有这样的人，请远离他们。因为他们在夸功，就是夸耀自己做过什么。

伟大的建筑设计师，不会随便拿出自己的作品给别人看，除非别人求上好几遍，他们才会无可奈何地将作品拿出来，这就是真人的表现之一。这种人"入火不热"，他的见识已经接近于道，不是世俗所认为的智慧。

超越成见

有一天,老吴(吴伯凡)开玩笑地跟我说:"佛教肯定只能诞生在尼泊尔、印度一带。"我说:"为什么?"他说:"因为那里的天气太热了。如果处在很冷的地方,你是不会在树下吹风的。只有在很热的、一动就浑身是汗的地方,你才会袒露右肩,在树下荫凉处等风来。不等风的时候,就通过自己的呼吸吐纳,感受自己内在的地火水风的变化,然后获得凉快的感觉,达到清凉境界。"

现在,一说到凉快,我们就觉得要吹空调;一说起清凉境界,就觉得与修佛相关。所以,没有热,就不会有修行，起码没有禅坐的修行。

不过，很多朋友马上就会问："为什么非洲没有发展出禅定的方法呢？"Good question！（当你回答不了的时候，一定要先说"Good question"。）我想，在上一个文明世界里，非洲或许也发展出了类似的文明，只不过你不知道而已。对于不知道的事情，就不要随便说。所以，我才说这都是老吴说的，不是我说的。

但是，真人的确不那么容易中暑，看见热的东西也不会觉得热。

过去，你会发现一个现象，孩子是气血运行得很好的纯阳之体，他们就不那么容易感冒。但是，现在的小孩不是这样了，因为他们被保护得太厉害。本来，孩子很少有吹吹风就感冒、晒晒太阳就中暑的。这是因为他们心无罣碍，气血循环好。孩子身体的导热性强，一旦受热，就迅速地被导到其他地方去；即使受寒，由于别的地方热，也可以迅速补充能量。这是因为他们全身通透，也就是道家所讲的"如婴儿乎"。

真人就是要修得像小孩子一样，一方面，身体导热性强，不容易着凉，不容易中暑；另一方面，身体非常柔软。

我跟儿子玩的时候，常常怕他把腰闪到，因为他随时都可以做"拱桥"，就是向后弯下腰，手掌撑地。他们根本不需要事先劈叉、拉筋等准备活动——身体非常柔软。某一门心法认为，无论是导热性强还是身体柔软，都是因为他们的意识里没有软硬的概念，他们认为身体就应该是这样软的。

我有一个老师是研究医疗卫生的。以前他发现，在一个传染病医院门口有一个看上去傻傻的人，他天天捡破烂、吃垃圾桶里面的盒饭，却没有感染上任何传染病。为什么？因为他的心里没有传染病这个概念，所以他是"无感"人群。

一些女孩子，在上小学二三年级的时候，已经开始萌发爱情的观念。这个时候，男孩子往往因为发育较晚，还没有这样的观念。通常出现的情况是，女孩子已经饱受伤害，气得不得了，在桌面的正中间划一条线，不准对方超过这条线，甚至拿着笔等着，一旦对方的胳膊超过这条线，就开始猛戳他。因为女孩子觉得受伤了，对男孩子表示了爱意，他们却没有反应。而男孩子想的是，为什么又戳我一下？他们对此很无感，因为无感，自然就不会受到爱情的伤害。这在《德充符》里面叫"忘情"，因为他们根本没有这个概念。

小时候，我们也不觉得腿粗一点儿的阿姨有多不好看，或者腿细一点儿的阿姨有多好看，只要给糖吃的阿姨都是好阿姨。但是，为什么阿姨会很在意自己的腿粗还是腿细呢？被别人看一眼，她们就迅速地认为别人觉得自己的腿粗，把自己打到内伤，就是因为"有感"。

有冷和热，是因为你觉得冷或者热，有病和没病、有没有受到伤害，也是因为在你内心里已经播下了这颗种子。

所谓真人，并不是无感，而是他们已经超越了普通的感，超越了成见，变成了新的无感的人。

在京都，我们经历了一件特别有意思的事情。当时，我们已经约好去采访一位老人。他很富有，于是凭着自己的兴趣，收集古董，盖有意思的房子，买喜欢的学校。在他的学校里面，每年只有不到一百个毕业生，却能够收到三百个全球排名前五十大学的offer——平均一个人收到三个。他还给予学生十分优厚的待遇，甚至有好几年，他所发的奖学金比例能够占到所有学生的一半，所以他的学校长期亏损。

我在和他聊天的时候，他很高兴。我说："你高兴什么？"他说："我可以悄悄地告诉你一个秘密吗？有钱真好。"我说："有什么好的？"他说："你可以因为喜欢一所学校，就把它买下来，也不用考虑它是不是赚钱。"

我觉得，这真挺好的。

我们《生命觉者》系列到京都拍摄，非常希望采访他。在去之前，他也答应了接受采访。结果，等到摄影师把机器架好、把板凳搬好、把灯打好以后，他突然觉得这件事有点儿吓人，接受采访不好玩。于是，他就临时找了一个同伴，对他说："你去跟他们聊一下。"然后，他自己跑来跟我说："对不起啊，我昨天晚上喝醉摔沟里了。你看,这儿还有伤口。现在,我还有事情需要稍稍处理一下。你先采访一下他,我待会儿就过来。"然后,他就消失了,一晚上都没有再回来。

一个摄制组,远赴重洋,提前两个月约好的采访,就这么被放鸽子了。这对于一个日本人来说是相当难得啊!因为大部分日本人都不会这样做。但是,他可以。他的下属对我们说,这就是对他既无奈又喜爱的主要原因。他想买学校了,就买一所;不想接受采访了,说跑就跑。

这就是真人,他的内心里面没有成见。

什么叫"没有成见"?就是对热和冷没有固定的观念,热的时候他也不会感觉太热,冷的时候他也不会感觉太冷。很多人都说,这是不科学的,难道他就真的不会感冒吗?

可能说这些话的人还不知道,意识对我们身体的影响有多么大。

我们的意识可以改变很多生理指标

我已经见过无数次，有人去做体检，结果发现身体某个部位长了一个小东西。医生也不说是什么，只说在他的肝或者胃上面，看到一个小东西。他的所有生理指标立刻就变了，完全按照长出小东西的方式显现出来。一个月以后，他去做活检，检测报告说那个小东西是暗疮。于是，他的所有指标又正常了。

我们对于身体里面长出的小东西的想象和关于它的知识，反过来对我们身体的影响非常巨大，甚至可以瞬间改变生理指标。既然连生理指标都可以被改变，更何况冷热这种主观感受呢？

你见过印度的修行师吗？他们被反复洗脑，到最后完全相信自己对热量没有感受。他们可以把手伸到油锅里面，将钱从中拿出来，竟然毫发无损。我在Discovery（探索频道）上就看见过这样的纪录片。

我们的意识和内在成见非常重要，以至于可以改变我们的生理指标。

庄子在《大宗师》里说，真人很重要的心智模式，就是他们已经不被自己内在的成见所影响了。

让我们再来复习一下，古代真人的心智模式特征：不嫌少、不嫌多、不夸功、不求名、不觉得热、不觉得冷，内心没有成见，没有关于多少、功名、冷热的概念，不会被这些概念影响自己的生理反应——这简直是高级远程智能终端应该有的参数指标。

如果把真人理解为上古时期的一种可以无限流量上网的智能软硬件一体化终端的话，相信你就能够理解庄子对于真人的描述是多么有意义了。

真人到底是什么样子的人

我们讲到"何谓真人",就是内心没有太多成见的人,或者能够觉察到成见都是假的之人。

看看下面这个例子,可能大家会有更深的体会。

如果一位女同学来参加同学会的时候,戴了一枚五十克拉的钻戒,本来,你挺思念她,并怀着老同学的情意想和她拥抱,分享当年一起去饭堂偷肉龙和煎饼果子的快乐……瞬间,当你发现她戴着的钻戒,即使作为修行者,你也觉察到自己浑身的血流在加速、脸在发烫,有意无意地想看看这枚钻戒,又有意无意地想撕了那张脸。

如果时光倒退五万年、十万年或十五万年，有两只母猩猩，一只母猩猩看见另一只母猩猩手上戴着一个闪亮的石头，它会有这样的生理反应吗？如果那个时候没有，为什么现在却会有？

这个东西就叫"成见"。所谓真人，就是能够修炼到熟视无睹的人，他们不是装作看不见，或是装作很平静，而是发自内心地明白，就算是五十克拉的钻石，也不过是一块石头而已。想想看，哪块石头不是上亿年的？

以后，如果内心深处再升起种种憎恨的时候，你就可以问自己这样一个问题："把这件事情放在十万年或者十五万年前的话，这还算一件事情吗？如果把这件事情放在五十年之后，还是特别重大的事情吗？"

如果回答都是否定的，那么为什么你现在还执着于此呢？我想，所谓真人，可能就是经过长期心智模式的打磨，已经习惯性地跳过纠结类似事情而已。

下面来看一下所谓真人的另外一种表现：

古之真人，其寝不梦，其觉无忧，其食不甘，其息深深。真人之息以踵，众人之息以喉。

这一段的意思就是，真正从大道学习到功夫的真人，他们睡觉的时候不做梦，醒来后也没有忧虑的事情。吃东西不追求好吃，当然也不追求难吃，他们的呼吸是深长匀缓的，甚至可以一口气吸到脚跟，而普通人只能吸到喉咙。

以前，我常常在节目里面和大家分享观察小朋友呼吸的经历。晚上，孩子睡觉的时候，他们的呼吸真的能够让肚子静静地变大。现在，也不知道是什么原因，有些人吸口气，他们的胸就会变大，而有些人吸气的时候，连胸都不会变大了，只是吸到嗓子眼儿，甚至没有到嗓子眼儿，气就匆忙地被呼出去了。

屈服者，其嗌言若哇。其耆欲深者，其天机浅。

这句话是说，谈话的时候，被抢白的人，就总是被噎着，觉得自己受了天大的委屈，话既说不出来，也吞不进去，一口气吐不出来，又咽不下去。有些人被自己的痰呛死，有些人被自己的气呛死。欲望深厚的人，在天机（指灵性）上就比较浅。

　　南怀瑾老师对这句话的解释是："一个人，世间的欲望愈多，天机愈浅，人愈聪明，本事愈大，欲望也就愈大；物质文明愈发达，人的欲望愈多，则离道愈来愈远。"

大宗师

> 内在没有太多基于欲望的恐惧和自己种种不合时宜的状态的人,不会产生担忧,他们在白天就没有什么好烦恼的。

第三章

你是不是常常被喜欢的东西绑架

原典

古之真人，其寝不梦，其觉无忧，其食不甘，其息深深。真人之息以踵，众人之息以喉。屈服者，其嗌言若哇。其耆欲深者，其天机浅。

我们为什么会
"白天要做事儿担心，晚上要做梦操劳"

"其寝不梦，其觉无忧"，这就是我的师父张至顺道长所说的，"你们这些人，白天要做事儿担心，晚上要做梦操劳"。

其实，每个人都会做梦，只不过有些人醒来之后记不得自己做过什么梦，有些人在做梦的过程中已经处于浅睡眠状态，甚至有的人会从梦中惊醒，于是就记住了梦。

无论是不是真的做梦，能够在早上一觉醒来时不觉

得自己做过梦，这已然是内心没有太多纠结的象征了。当然，说不定还真的有一些人能够一觉睡到天亮，不做梦。

小梁认为，所谓梦，就相当于缓存运算处理机制。白天，我们和手机一样，开了很多"念头"窗口；晚上，我们睡觉时就像被放置的手机一样，虽然看似没有在工作，但其背后的程序还在运行。所以，有些人就说下载的程序越多，手机就越耗电、耗内存。你有没有观察过股票软件或者邮件系统？不管有没有被点开，它们一直都在更新信息，每隔几秒钟就会去下载一次新的信息。

因为真人不下载那么多应用程序，所以就没有那么多不受控制而运行的情况。我认为，这个不受控制而运行的情况大概就是做梦的机制。**内在没有太多基于欲望的恐惧和自己种种不合时宜的状态的人，不会产生担忧，他们在白天就没有什么好烦恼的**——我没有见过这样的人，相信庄子也未必是这样的人。

但是，庄子的可爱之处在于，他提出了这样的问题：会不会真的有这种人，他们心无罣碍呢？

现在，你有没有觉得"其寝不梦，其觉无忧"，是心无罣碍、无有恐怖，远离颠倒梦想究竟涅槃的庄子版？怪不得宗萨蒋扬钦哲仁波切非常喜欢读《庄子》。我相信，他一定在《庄子》里面读到了类似《金刚经》和《般若波罗蜜多心经》中的道理。

无论来自尼泊尔、不丹、印度，还是中国古代最有智慧的人，他们都不约而同地描述了一种状态——无梦、无忧，对美食也不在意。为什么专门提出对美食不那么在意？小梁觉得，因为美食给我们带来了很多快乐，但也带来了很多不快乐，而我就是深受其害的人。

吃美食，诸如焦糖奶油蛋糕、银记肠粉、红烧肉、红油火锅、串串……会让我们形成对美好事物的执着，并能够体验到最原始的快乐，一切美食都会引发人的口水，你难道不觉得这是一件很可笑的事情吗？

追求美好没有问题，
求而不得后的不甘心、怨恨才是问题

　　追求美好的东西本身没有问题，但我们在追求美好的食物、美好的女朋友（或者男朋友），甚至别人的女朋友（男朋友）的时候，那种因想要又得不到而起的憎恨、遗憾、患得患失，才是真正的问题。

　　所以，庄子并不是真的反对大家去寻求美食，而是在提醒我们对美食形成的依恋，和在追求的过程中产生的憎恨、贪婪、怀疑、执着、攀比、嫉妒、怨恨等，才是真正令我们晚上睡不好觉、白天起来又有所担忧的原因。

这一篇给大家讲的最核心的东西就是，美食不是问题，享受美食的过程也不是问题。问题是，一旦养成对美食执着的信念，以及对于没有吃到而产生的微妙的、被包裹成为遗憾的不甘心，才是真正的问题，因为它会让你睡不好觉。套用沈爷（沈宏非）的话："没有一碗溜肥肠的深夜，最难将歇啊。"

不要被自己喜欢的东西绑架，不要被自己由于得不到而带来的憎恨绑架，这是庄子在这一段里面和我们分享的深意。

精进，从调整呼吸开始

"其息深深。真人之息以踵，众人之息以喉。"无论儒家、道家、佛家，甚至瑜伽，呼吸都是最重要的法门，因为它可以调节我们全身的频率。

如果让自己的肝颤一下，其实很难做到；如果想用自己的意念控制肠子蠕动一下，恐怕也做不到。在我们的身体里，只有肺可以由意识所控制。所以，**呼吸可以作为桥梁去对全身的内脏进行挤压、疏导，甚至起到调频的作用。无论如何强调呼吸的重要性，都不为过。**

以前，我和徐文兵老师讲《黄帝内经》的时候就提到过，从概率上来说，鼻子长的人，相较鼻子短的人，要长寿一些。当然，我指的是同一个地区的人。这是因为他们的鼻道比较长，能够将吸进去的空气过滤得更好。试想一下，有三层过滤垫的空气净化器，和只有半层过滤垫的空气净化器，哪一个更贵？当然是前者。鼻道长的话，就可以过滤更多细菌，也可以保持恒温的状态，还可以调节湿度。因此，在其他条件相同的情况下，鼻子长的人更容易长寿。

由此我们知道，呼吸既可以调整内脏，又可以调节频率，还可以调节吸入空气的干湿度和清洁度。

不过，有一种情况常常被忽略——有很多人用嘴呼吸。我们之前去日本的时候，发现在日本有一个很畅销的东西——很薄却有很强黏性、不会让人感到不舒服的、贴在上唇和下唇之间的透气小胶布。

有不少孩子的鼻涕没擤干净、鼻屎没挖干净。由于他们的父母比较无知，任由孩子这样。所以，晚上睡觉的时候，这些孩子会张着嘴呼吸。

长期用嘴呼吸的话，会引发两个问题：第一，影响

鼻子的发育；第二，改变牙床的形状。

　　张嘴睡觉的孩子会变丑。英国的学者将一对年龄相差无几的姐妹进行对比测试，尽可能用各种方法让妹妹闭着嘴吸气睡觉，而姐姐就没有进行任何干预。一两年之后，妹妹的嘴可以自由闭合，显得比较往里收一点儿，鼻尖和下巴的连线在嘴的旁边。而姐姐呢，她的上嘴唇比较厚，牙齿也往外翻，鼻尖和下巴之间的连线不能够在嘴的旁边。

　　换句话来说，本来，鼻尖和下巴中间的虚拟连线会穿过嘴巴。古希腊的时候，衡量一个人美不美的标准之一，就是看他的腭骨是不是太过突出。为什么会这样呢？因为如果经常用嘴呼吸的话，一方面阻碍了鼻子的功能，另一方面令大量细菌通过嘴吸入咽喉。

　　呼气和吸气，最好都用鼻子来进行，这本来是常识，但很多人就连这个常识都不知道。晚上睡觉的时候，如果你用鼻子吸气的话，大部分的空气会进到肺里面，于是身体的含氧量就会变高，用于支持大脑晚上的运作，因为身体各个脏器对氧气的需求比较大。但如果你更多地用嘴呼吸的话，会容易打鼾，因为很多空气吸到胃里面去了，毕竟胃对于氧气吸入体内的机制远不如肺。

大家可能以为我已经跑题了，其实不然。我是想跟大家分享，尽可能用鼻子深长匀缓地呼吸，一直呼吸到脚跟。其实这是一种可以控制的法门，**在睡觉的时候，我们可以有意识地微微闭上嘴，用鼻子去吸气，感受气流进入鼻腔，然后进入肺。**

这个觉察本身就是一种优美的个体与宇宙交流的过程。

不要浪费任何一次呼吸

呼吸，是每一个人每一秒钟不间断做的事情，这恰好是让我们成为全新自我的一种既普通又神秘的方法。南怀瑾老先生曾经说过，**生命的秘密全在一呼一吸之间。**

一个人出生的时候，最惊天动地的事情，就是大气通过鼻子进入肺部。出生之前，人在母体里面是通过脐带呼吸而不是用肺来呼吸。人的一辈子就是从吸进来的第一口气开始，到最后一口气呼出去之后，一旦没有再吸进来气，生命就此结束。如果以呼吸来看待生命的话，就是这么一个高峰体验。

刘力红老师和我们分享过一个观点，大概人一辈子呼吸的总次数是有限的。所以，每一秒都比平常长百分之二十的话，在每个小时里面，呼吸的次数就会减少百分之二十——大概是这样的比例，可能会略有不同。

想想看，一分钟之内，你少呼吸了一些次数，但总量是恒定的，就是吸进来和呼出去的空气量是可以恒定的。那么，这一辈子亦复如是。

什么叫"气数"？就是呼吸的次数。常常听说"气数已尽"，就是积分快用完了。所以，要想长寿，很简单的一个法门就是，不要随便浪费任何一次呼吸。

庄子说的"众人之息以喉"，就是众人将气刚刚吸到嗓子眼，就迫不及待地把它呼出去。一方面，你浪费了自己呼吸的次数——气数；另一方面，隐隐地包含了一种心智模式的培养——每一件事情都不能够做到深层、透彻。

真正的聪明人,都在暗下"笨功夫"

有一篇文章讲得很好,叫作《真正的聪明人,都在暗下"笨功夫"》。

亚马逊的贝佐斯,一步一个脚印,这么多年以来,好像也没有太惊天动地的新闻。但是,以股价上涨的速度来看,明年贝佐斯有可能超过比尔·盖茨,成为世界首富。

中国的华为、腾讯等做得较好的公司,就是把自己专业领域最核心的事情,不断反复、深度地打磨,在下一些"笨功夫"——一口气吸到脚跟,每一件事情都以"息以踵"的心情去对待。

其实，我们的身体会对别人进行暗示。比如，一个女青年喜欢男青年的时候，会不经意地拨弄自己的头发；再看他们吃饭时候的位置，从面对面坐着，到夹角九十度坐着，到最后并排坐着，这些都是身体的暗示。

比这个更有趣的是，身体也会对我们产生种种的自我暗示。而且，这种暗示之所以能够发挥作用，是因为它既平凡又频繁，以至于不被我们真正的意识所觉察。试想一下，一个连呼吸都着急而不彻底的人，能够把什么事情做彻底呢？

如果你觉察到了，就会从让自己的呼吸透彻开始，然后告诉自己，每一件事情都深长匀缓地进行，不匆忙地开始一段恋情，不急切地开始一个商业计划，按照更加深层的方式进行。可以说，这样的练习既简单又非凡。

在我们身边，还有很多唾手可得的简单游戏。比如，一个道家的老师曾经告诉我："如果实在没有办法练习的话，你总会有等公交车或者在地铁里面站着的时候吧；哪怕自己有车，有些时候你也会待着、坐在车里面吧。"我说:"怎么了?"他说:"起码在这个时候,你可以有意识地感觉到自己的呼吸是很深的。一口气尽量往里吸,慢慢地呼,有余力。还可以练习另外一个功法。"我问:"什么功法?"他说:"眼望远方,在淡然之中夹紧括约肌。"

在道家里面,这叫"撮谷道",通俗地来说,就是做收缩肛门的动作。来,夹紧括约肌,眼望远方,调整呼吸,拥抱未来。

一个深长匀缓呼吸的人，
自然有其容止之魅力

　　我发现,那些刻意向大道寻求其方便法门的人,不管做什么事情,都是自在、舒服、逍遥的。真人在呼吸上也有着清楚的觉察,把每一次呼吸都当作自己强有力的练习。由于呼吸太频繁,以至于常常被忽略,而这又正是我们需要认真对待的。

　　一个连呼吸都可以很认真的人,不会草率地做任何事情。

　　还没有嫁出去的女同学,你们一定要感到高兴,因为看到这句话后，你们就可以选择呼吸深长匀缓的男生。一般情况下，结婚以后，他们不会搞家庭暴力或婚外情，甚至能够获得事业成功；他们一般会长寿，会成为好丈夫、好父亲。

如果已经"不幸"嫁掉，恰好以前又没有意识到呼吸深长匀缓的男人如此重要，现在斜着眼看着旁边张着嘴打呼噜的老公的女同学，千万不要心生憎恨。不能怪自己，因为不读《庄子》也不是你的错，还好现在也不算太晚。你不要否定他，你慢慢地鼓励他，鼓励他深长匀缓地呼吸，因为一个深长匀缓呼吸的人，自然有其容止之魅力（《世说新语·容止》中讲到"容止"是气象庄严、深具魅力的人会有的样子）。

从这一秒钟开始告诉自己,一切有意无意伤害过自己的人,他们也受到了自己的反作用力。

第四章

不需要花时间去原谅别人,连原谅别人的努力也不要有

原典

古之真人,其寝不梦,其觉无忧,其食不甘,其息深深。真人之息以踵,众人之息以喉。屈服者,其嗌言若哇。其耆欲深者,其天机浅。

别人在智力上、语言上都显得比你强，不一定是他们的胜利

"屈服者，其嗌言若哇。"这句话就是说，一般人，说话被人噎着的时候，言语塞在喉头中，就像要呕吐一样难受。我们很多人想必都有过类似的经历吧。一句话被别人抢白以后，出又出不去，进又进不来，生生地被顶在喉咙里。

对此，南怀瑾老师的解释是："我们任何人都是很屈服的，就是普通话说的都活得很窝囊，很委屈。为什么呢？心里头都有一股烦恼压在那里，无法跟人家讲，每人心里都有痛苦忧烦……所以讲话，嗌嗌嗌……尤其

向人家借钱的时候，不好意思，嗫了半天；像我们了解的，问他要多少钱你赶快讲嘛！不要啰嗦啦！"

为什么真人就不会这样呢？这个问题我们反过来看。**被人在智力上超越、在语言上抢白……如果站在自己以外再来看这些事情，你可能就没有那么痛苦了。**别人在智力上、语言上，都显得比你强，不一定是他们的胜利。因为他们能把你噎住，也会习惯性地去噎别人。时间长了，他们自然会遇到高手，即使他们把别人噎一万次，总有第一万零一次被人反手一拳。所以，当看到未来他们因为聪明而带来种种不幸的时候，你自然就对自己显得不那么聪明，没有那么在意了。

未来的可能、已过去的原因，最终都会慢慢帮助你洞察到事情的平和状态，就是基于万千因缘业力和合的结果。

小的时候，我有过这样的经历。跟一个小朋友吵完架之后，我气得浑身发抖，却不知道该怎么说。回家之后，我重新想了一下，当时应该怎么说，让自己在心里面足足过了一把瘾，将其释放完了才算。

其实，我们每个人几乎都有过类似的经历。那么，你知道这些经历曾经给我们造成了什么样的伤害吗？最重要的伤害，就是一直有一口气被咔地顶在那里，没有顺过去。虽然后来貌似已经忘记，**但这些伤害并没有真正地被忘记，它们埋藏在我们身体、灵魂和意识的最深处。当你开始释放的时候，它们总要找个地方出来。**

总会有一些人来跟我说，他们找到好的老师，带他们打坐、站桩、放松的时候，甚至开始原谅过去伤害过自己的人时，他们会出现奇妙的生理反应——上打嗝，下放屁，中间肚子咕噜咕噜地响，甚至有些人呕吐、流泪。为什么？以前，这些气在哪里？为什么开始放下、释然、不在意的时候，它们全都出来了？如果这辈子都没有机会出来的话，它们会在哪儿呢？

因为气不流动，所以，这些气结会在我们的身体里面。总会有一些物质经过它们，并且停下来，就像两个原子结合到一起，会吸引第三个原子一样。根据万有引力定律，质量越大，吸引力越大。所以，从瘀一口气，到瘀一口水，再到比较黏稠的水——痰，最后到肿块，都是一层一层慢慢来的。

一定不要试图努力地去原谅别人

"心有千千结",视为"患"。你看,"患"这个字,上面是一个"串",下面是一个"心",心上有一串结,就是患。普通人都会这样慢慢地发展到这一步。而真人呢,他们觉察到被噎住实在没必要,就不会纠结于此。

你有委屈吗?你觉得在单位里受到了不公平的待遇吗?你觉得自己已经很努力,但仍然被老婆认为没有价值吗?你认为父母给自己带来了不好的遗传和影响,以至于这辈子都没办法超越原生家庭对自己的伤害吗?

心理学知识学得越多,了解的名词越多,越容易觉得自己是一个受害者。一个觉得自己是受害者的人,会在曾经受过的伤的表面,再叠加一层名为"受害者"的保鲜膜,让这些所有受过的伤害,不能得以释放,被紧紧地包裹在内。

  从这一秒钟开始告诉自己,一切有意无意伤害过自己的人,他们也受到了自己的反作用力。所以,我们也对他们进行了有意无意的伤害。你和他们是没有关联的,也不需要刻意去原谅他们,因为这也是一种扭曲。只需要觉察到自己可能受到过伤害,并且觉察到伤害本身只不过是一种概念的时候,事情就变得没有那么复杂了。

  我的一位朋友给我讲过一个有意思的故事。由于和同学打架,一个小男孩受了伤。之后,他的妈妈很努力地劝他,要去原谅别人,学会放下,等等。最后,这个小男孩鼓足勇气,跑去对伤害他的小男孩说:"好了,我原谅你了。"结果,对方却说:"我不需要你原谅我。"瞬间,那个小男孩就哭了,因为他之前经过思想斗争,被母亲教导、劝解去原谅别人,但别人不需要自己原谅,于是形成了新的伤害。

我举这个例子是想告诉大家，**不需要花时间去原谅别人，连原谅别人的努力也不要有。** 只需要知道，这件事情只是个概念，而这个概念是不成立的，你不需要原谅，也不需要被原谅，你不需要感觉自己是一个受害者，因为这一切都只是一个概念，概念只是逻辑，只是一堆记忆，只是曾经这样认为的情形，仅此而已。

现在，一枚五十克拉的钻戒能够把你刺激得要命，并不是这枚钻戒，其实是内心对五十克拉钻戒背后的概念的理解，对你造成的伤害。

同样，几乎每个女孩子都有过和自己妈妈发生冲突的经历，这是习惯而已。不要被"妈妈嫉妒自己和爸爸的关系""妈妈嫉妒自己年轻貌美"这些概念所影响，否则，你就无法真正释然。

"名可名，非常名"或者"名可，名非，常名"，因为这些都只不过是虚幻的概念和逻辑的记忆罢了。在心里面觉察到并想象自己伸出手，把它们弹碎，就可以了。

如何才能够吸入更多的氧气，
在于你能否呼出更多的恶气

　　如果现在感觉到自己有打嗝、流泪、放屁的冲动，恭喜你，这些压抑在身体内部的冤魂，正在逐步释放。

　　如果没有这些反应，那就长长呼一口气。你会发现，自己能够呼出平常两倍的气，这些平常没有呼出的气都是恶气。当你呼出两倍的气之后，更多的新鲜空气就会慢慢慢慢地进入你的身体。

　　一切脏东西、沉淀出来的阴寒之物，都可以被燃烧掉，但必须借助氧气，这是中学就学习过的物理常识。

在研究睡眠的过程当中，我们发现，一个人夜间的血氧含量，是影响其睡眠的根本原因之一。在接触了很多睡眠产品的测试后，我发现一些专业的测试机构，会把被观测者的血氧浓度在整个夜间的分布和变化指标，与呼吸次数、心跳、血压等指标进行综合对比。从很大概率上来说，睡不踏实的人，都是因为体内血氧浓度不够，以至于让大脑产生错觉。

如何才能够吸入更多的氧气，在于你能否呼出更多的恶气。呼出的恶气，除了身体里的二氧化碳之外，还包含着曾经受过的委屈和伤害。

通过更深、更长、更远的呼气，来清空自己吧。明天，你会发现眼睛比平常更明亮，肤色比平常更有光泽，自己站在那里不动的时候，都会面带笑容。你还会发现，好朋友越来越多。你甚至会发现，自己变成了一个更走运的人。无他，因为气顺了，自己的运就会顺。

欲望浅了之后，
自然而然各种好事儿就会接踵而来

"其耆欲深者，其天机浅。"——被欲望牵着的人，他的天机就比较浅薄。什么叫作"天机"？各人有各自的解释。

有一些人很奇妙，他们自己并不那么达观聪明，但最后的点子总是踩得比较正——吴伯凡大概就是这样的人。别看他天天讲商业评论，其实他不是一个商人，从本质上来说，他是农一代。他身上最吸引人的地方就是，他没有那么深的心机，可能是因为他的欲望没有那么深。当然，也和他早早地就在北京买了房子，并且儿子已经读大学有关吧。

一个中年男人，房子买了，儿子也读大学了，粉丝还那么多，他就不需要有什么深深的欲望了。吴伯凡自己做公司、做领导，也花不了什么钱。所以，**他的欲望浅了之后，自然而然各种好事儿、天赐的机会，就会接踵而来。**

我总是很羡慕没有太多心机，但每件事情总能踩到点子上的人。在电视剧《士兵突击》里，王宝强饰演的许三多看起来傻傻的，但最后和很聪明的对手比起来，他的结局总是好一点儿。

宗萨蒋扬钦哲仁波切说过："如果心里太在意钱的话，就会有意无意地显得灵魂没有那么高贵。"当一个人和你沟通的时候，你可以观察一下，看看他的动机在哪里。我个人很难接受推销理财产品、推销保险的人的嘘寒问暖，因为我很清楚，他们每一次嘘寒问暖的背后，都是有动机的。每年，在我生日当天，总有几个银行给我发来生日的祝福短信。每次收到，我都有一点儿隐隐的不安——原来，这世界上只有卖理财产品的人记得你的生日。不过显然,他们记得你的生日,只是为了提醒你,"哥,再买点儿理财产品呗"。一般情况下,房地产经纪和推销保险的人也是这样。

其实,我对这些朋友没有任何成见,或者说尽量做到没有成见。但的的确确,当意识到一个人在给你的所有关怀的背后,都有直接利益挂钩的时候,你在内心里总会升起隐隐的提防和不那么尊重——其实我与他们都是熟人,按《庄子》的规矩或心法来看,这是无所谓的。

人的欲望很容易成为被别人握住的把柄

当开始有欲望、想获取点儿什么的时候，我们就落入自我设定的游戏节奏当中，以至于感受不到真正的天机。

一个人的力量能有多大，我们能跑多快？毛泽东曾经写过"坐地日行八万里"，我们什么都不用做，只是在地上坐着就能够一天行进八万里，因为地球的自转就有八万里。无论坐飞机还是坐火车，我们都是在相对狭小的时空格局里作出改变。

对于大的时空格局来说，中间的差异其实是很大的。假设你生在合适的地方或长在合适的地方，这就已经很幸运了。即使没有生长在合适的地方,如果你随波逐流,在十五六年前的北京,由于各种机缘而被迫买下至少一套房子,或者在四五年前,你IT界的朋友哭着喊着非要卖给你一百个比特币不可,你买了,那么现在看起来也是非常幸运的。

以前,我在百度工作的时候,有些同事是"挖矿"的,他们挖着挖着,挖出一些比特币之后,还怕砸在自己手里,非要卖给我们这些同事。他们说:"你看,人家一万个比特币能买一个披萨,我加一点儿价,花两个披萨的钱,你把这一万个比特币拿走。"

后来,慢慢慢慢地,比特币的价格越来越高。我认识一个人,他曾经用一百元买过一个比特币,而现在一个比特币要将近三千美元。一百个比特币是多少钱呢?就是三十万美元,竟然相当于一部奔驰600S!

我认识好几个人,他们都是在阴差阳错中购买了比特币。原因很简单,就是因为卖给他们比特币的人是自己的好哥们儿。他们觉得反正也不贵,更何况是朋友推荐的,肯定没错,坚信它一定会涨。

这类事情还有很多很多。如果我像那位让你买比特币的朋友一样，你觉得我会给你什么建议呢？**重点不在天机，而在于不要"耆欲"太深。人的欲望很容易成为被别人握住的把柄。**喜欢吃的人，就容易被美食所吸引；喜欢漂亮男（女）人的人，就容易被美色所吸引；喜欢好环境的人，就会被空间所吸引……

我曾经在微信上看到一个很震撼的内容，各位父母一定要留意。某个城市的公安局做了一个简单的测试，让一些人拿玩具去商场里诱惑小孩子。测试结果是，大概百分之八的小孩子会被简单的玩具所吸引。一个变形金刚、忍者、超人的玩具，就能把儿子拐跑；一个布娃娃，就能把女儿拐跑。为什么？因为平时父母不会随便给他们买这些玩具，就让他们有了深深的欲望，或者平时没有更有意思的东西，让他们觉得这些东西就很好了。抑或，家长没有教给孩子一些相关的安全常识。

我举这个例子是想说明，一个人一旦欲望过强，就容易被牵引，踩不到天机的点子上。

为什么很多好人，总是让人敬而远之

为什么很多人都容易被骗呢？平时挺聪明的一个人，居然就上当受骗了。一些老干部，辛辛苦苦工作了一辈子，就为了"节省"一点儿小钱，去买一个所谓有医疗保健功能的床垫，付款给别人后被骗了很多钱。这就是"其耆欲深者，其天机浅"。

我们来做一个小小的练习。你可以不用告诉别人，但自己一定要很清楚，自己容易在哪件事情上被人诱惑。一些人容易被朋友圈大家的点赞诱惑，一些人容易被自由财富的梦想诱惑，一些人容易被美食及美女诱惑……还有一些人我认为是最可怕的，这种人容易被自己的正义感和慈悲感诱惑，因为前面列举的大部分都是能够被很清楚地看到的欲望，而正义感和慈悲感不是。

那些善良的人，自诩为正直、正义、有智慧的人，很容易被"你真是一个有智慧的人哪"这句话所诱惑。**我们贪图这件事情，很容易被那些自己界定为欲望的对立面的东西所诱惑，这才是真正可怕的事情。**

真正禁欲禁食的人，都是曾经纵欲、放纵口腹之欲的人。因为他们关心的不是放纵饮食或禁止饮食，而是因为在他们的心里面还有"食物"这个东西。所以那些厌食症患者，以前大多是对美食非常享受的人。

现在，我就有一点儿"智慧厌食者"的感觉。一旦有人跟我谈佛论道，我就想念"阿弥陀佛"。这也算是"我嗔"和"我慢"吧。

同样，那些与怨恨恼怒烦、贪嗔痴慢疑相对立的人，就容易被仁义礼智信的概念或好处所诱惑。由于这种表象太过隐秘，以至于很难被我们所觉察。

大部分人都了解自己的恶趣味，被稍微提醒就能够注意到。为什么受伤的总是好人，受骗的总是善良、正直、有智慧的人呢？原因就是这些诱饵只不过是欲望的另一种呈现。

丑女总想变得漂亮一点儿。如果你对她们说："你给我三百元，我给你一张完美的、金喜善加杨幂加范冰冰的脸。"这就叫"低级诱惑"。但是，本来已经长得很漂亮的人也容易受到诱惑。为什么？因为他们比别人更敏感地知道自己哪里不够好，甚至由于享受到漂亮带来的种种好处，所以他们更容易投更多的钱去做整形、化妆，以及"朋友圈整容术"——利用各种美颜相机或PS技术，在照片里面自我整形，然后发在朋友圈里面——这才是真正有意思的地方。

"其耆欲深者，其天机浅。"重要的不是看到浅层的欲望，而是看到隐藏在深处被包装成没有欲望的可怕的欲望，这也就是为什么很多好人总是让人敬而远之的原因。

一旦有人标榜正义感、慈悲心和公益心，我就能够看到他们内在的傲慢，以及对于自己成为好人的渴望，这也是一种可怕的欲，也会离天机越来越远。

大宗币。

> 生命就是这样一圈套一圈,大周期套小周期。

第五章

每天，我们都在体验轮回

原典

古之真人,不知说生,不知恶死。其出不䜣,其入不距。翛然而往,翛然而来而已矣。不忘其所始,不求其所终。受而喜之,忘而复之。是之谓不以心捐道,不以人助天,是之谓真人。

开始的时候就自然地开始，
结束的时候就自然地结束

真人的另外一层境界是什么呢？

庄子说："古之真人，不知说生，不知恶死。其出不䜣，其入不距。翛然而往，翛然而来而已矣。不忘其所始，不求其所终。受而喜之，忘而复之。是之谓不以心捐道，不以人助天，是之谓真人。"

意思就是，古时候的真人，既不知道欢喜着生的状态，也不知道厌恶着死的状态。把生死看作往来的常事，全然没放在心上。不求生的来源，也不求死的归宿，任其自然而然，接受自然赋予的生命。因为他们知晓生死一体，不用费心机去违反大道，不用人为去胜过天理，这就是真人。

真人没有思虑，容貌安静，头额宽广，像秋天一般严肃，又像春天一般温暖。有些同学总是觉得自己的额头太大，其实这才是福报很大的表现。

总之，事事于真人而言都非常自然、合适，常人却不能觉察到他们心理变化的痕迹。

我已经忘记很久很久以前自己的样子，所以把二十年前的照片翻开，与现在的样子对比。我不敢贸然揣度很久很久以后自己会变得怎么样。不过就这几年，我也尝到了轮回的滋味。

试举一例，如果把《冬吴相对论》看作是一个生命体的话，我感觉它就是一个轮回的过程。《冬吴相对论》二度投胎，还是原《冬吴相对论》的配方，还是那样的两个人，甚至包括"十万个为什么"姐姐和制作小郭在内的工作人员全部是原班人马。在此基础上，我们又迎来了一个《冬吴同学会》。大家听到这个消息后都挺欢乐,有人就问这两个节目有没有相同的地方。当然有,《冬吴同学会》就是之前《冬吴相对论》的2.0版本。不过,如果你认真听这个新节目的话,会发现又有些不同。老吴变得更会讲段子了;小梁除了放浪形骸的笑以外,有些时候还会觉察自己究竟是真笑,还是极其真诚的笑。

对我来说,用了大概十年的时间感受到了这其中的轮回。老吴自己做的节目和梁冬自己做的节目是各自的内容。我们合体以后,《冬吴同学会》既不是梁冬加吴伯凡,也不是吴伯凡加梁冬,而是混合在一起的语言。两个人搭在一起之后,就像一个完整的生命所呈现出来的状态,"一阴一阳之为道","万物复阴而抱阳气以为合",它又以一种新的方式,在网络电台喜马拉雅FM和蜻蜓FM呈现出来。

当年,录制最后一期《冬吴相对论》的时候,我们知道差不多要告一段落了,所以停了也就停了,并没有吃散伙饭。那天,我和老吴录完节目,他就去外地走穴了,我继续回正安上班。然后,这件事儿就结束了。

过了大概两三年，某个合适的机缘又来了。朋友们以各种奇怪的方式推动着，与平台其他的资源以某种方式重新聚合，于是这个节目又开始了。这件事情多么令人兴奋啊！要不是几个朋友非说要搞个活动不可，否则，我们估计连开播仪式都不会有，也就开始了。我特别理解这种情形。原来，轮回不仅仅是一个长周期的八九十年，也可以是在短周期里反复进行的。

开始的时候就自然地开始，结束的时候就自然地结束。

每一天真的仅仅是昨天的拷贝吗

我感觉,所谓"生"就是一种和合的状态。佛家讲"缘起性空",这个和合的状态就是"缘起"。本来,两个人都存在着,怎么会新出来一个《冬吴同学会》呢?其实,它只不过是两个单独的个体,以及其他同事,还有喜欢这个节目的朋友们,所有人念力下的趣味共同体。

你怎么知道我们每个人不是父母的趣味共同体呢?当然,也可能是贪嗔共同体,这就形成了我们每个人奇妙的生理禀赋特性。有些人一感冒就偏头疼,有些人一感冒就拉肚子,有些人一感冒就便秘,有些人一感冒就鼻塞。为什么同样被风吹，症状却不一样呢？因为天生的禀赋不一样。**我们可以观察自己的父母得了什么病，大概就能够知道自己老了以后会得什么病。**

但这也不全然，还有隔代遗传的情况，可以从爷爷或者爷爷的爷爷那里遗传下来。另外，有些疾病会具有时代性。可能我们的爷爷的爷爷是由于吃不饱饭而得了病，到了我们这一代，却是由于吃得太多得了病。以前，他们一年才能吃一次猪肉；而现在，我们想吃就吃，随时都能够吃溜肥肠。

轮回这件事如此清晰地让我有所感悟，恰恰是因为经历了过去十年《冬吴相对论》的聚散。

庄子既没有和乔达摩·悉达多聊过天，也没有和老子聊过天，为什么身处不同时代、远隔千里的人，能够讲出如此类似的话？如果你是了解"人世"这个游戏规则的人，并且已经体会过很多遍游戏——不是指八九十年的一个大生命周期，而是从很多碎片化的生命周期里看见轮回，你就能够拥有更多的超然。

道家把睡觉叫"小死",就像把痒叫"小痛"一样。每天晚上,我们都在追求极致的睡眠。什么叫"极致睡眠"?就是睡着的时候就像死过去一样,没有知觉,没有梦,雷打不醒。令人奇怪的是,第二天早上醒来后,我们全然以为是昨天的延续,每一天真的仅仅是昨天的拷贝吗?念念相续,每个念头、每个我们,都是这样过去了,以为还是昨天那个,其实不是的。儒家讲,苟日新,日日新,又日新。其实,我们每一天都在体验这样的轮回。

生命就是圆环套圆环

生命就是圆环套圆环,就像在《齐物论》里讲的"如环相绕",你还记得这句话吗?**生命就是这样一圈套一圈,大周期套小周期。从某个程度上来说,生命就是周期。**

所以,股票会涨跌,人的情绪会起落。我们的血压也会随着生命的节律,有些时候会高一点儿,有些时候会低一点儿。基础体温也是这样,血氧饱含度也是一样。

前段时间,小梁被朋友拉去做了一个测试,是监测人晚上睡觉时身体状态的,浑身被贴着各种胶布和电极。虽然我担心这个东西晚上会漏电,但是,抱着为科学献身的精神,我还是去测试了。

过了两天,他们给了我一份非常详细的波状图报告,精确到每一分钟我的呼吸是怎么样的、血氧饱和度是什么数值……原来,我们的梦是从浅睡眠到深睡眠,再到快速眼动睡眠。然后,再来一个周期,又重新从浅睡眠到深睡眠,再到快速眼动睡眠。快速眼动睡眠这个阶段,就是我们做梦的阶段。

我如此真切地看到了,哪怕在晚上睡觉的周期里面,还套着几段"生命"。

有一些人,他们在梦里面是不全然的——一直没有办法进入深睡眠时刻。之所以会出现这样的情况,可能由于种种原因。比如,呼吸暂停,或者心脏跳动节律不规则——心脏的跳动不是完全有规则的,有些时候会出现间歇性早搏。在睡眠当中,我们不知不觉地进入浅睡眠、深睡眠或者快速眼动睡眠这样一个周期,然后又离开了。

每天，我们的生命里面都重复着这样或那样的故事。如果能够把睡觉这件事情，变成一个八九十年生命周期投影的话，我们自然而然就拥有了某种自在。

《冬吴相对论》是一个特别能够让我产生这种体会的节目。每次在录《冬吴相对论》的时候，我似乎已经不是平常的梁冬，当然，那也是真实的我，而且老吴也是这样的人。大家可以去听他自己的节目，你会发现，在自己节目里的老吴和在《冬吴相对论》里面的老吴是两个人。这个梁冬加上这个老吴，就变成了一个新的东西，太有意思了。如果不是在现场亲自感受的话，我是无从了解的。

我跟大家讲一个秘密，这次《冬吴相对论》重播的第一期节目，是我唯一完整听完的一期《冬吴相对论》。过去的四百多期节目，我从来没听过。因为害怕，所以就不敢听。

那天，当我开着车，作为一个听众去听的时候，我发现，这两个人此起彼伏的笑声，就像是一个由和合的灵魂趣味语言组成的生命共同体的"有节律地发病"。

顿时，我觉得这个节目既不难听，也没有那么可怕。我终于理解了，为什么大家说这个节目还不错。坦白地说，作为一个普通听众，我真的觉得即便是付费节目，我也愿意收听。不过真实的情况是，它竟然是免费的。

"不忘其所始，不求其所终，受而喜之，忘而复之。是之谓不以心捐道，不以人助天，是之谓真人"。同样的话，用庄子的语言讲出来，就是好高级。

> 这些生命当中无意义、没追求，甚至没有未来、没有过去的细节，才构成了我们所有快乐的源泉。

第六章

最重要的幸福都不是花钱买来的

原典

若然者,其心忘,其容寂,其颡頯。凄然似秋,暖然似春,喜怒通四时,与物有宜而莫知其极。故圣人之用兵也,亡国而不失人心;利泽施乎万世,不为爱人。

不与四季的能量对抗，
不放大自己的分别心

我在前面和大家分享了，《大宗师》就是以大道为宗师。因为大道无形，所以我们只能以得道真人的形象来解读其真意。

若然者，其心忘，其容寂，其颡頯。凄然似秋，暖然似春，喜怒通四时，与物有宜而莫知其极。

意思就是，得道的真人随着外界环境的变化翩翩起舞，灵魂忽高忽低、张弛有度，不与外界种种和合的能量对抗，"应无所住，而生其心"。

春天来了,不眷恋冬天的羊肉串;夏天来了,不怀念春天认识的姑娘;秋天来了,夏天的小伙子也走了……就像《爱的代价》中唱的"走吧走吧,人总要学着自己长大"。

每次,小梁读到《庄子》中与之类似的文字时,都有一种灵魂得到按摩的感觉,因为我知道自己并不是这样的人——能够拥有旁观自己的欲望、觉察自己情绪的空相而不受束缚的自由灵魂状态。

南怀瑾老师在《庄子諵譁》中讲道:"庄子所讲的《大宗师》,照我们的观念来说,是先有出世的成就,就是普通观念所谓得道了。一个人能够得道,就是内圣成功了,庄子把得道的功夫、境界都说了;然后内圣以后外王。并不是说得道的人同这个世界没有关系,只有真正得道的人,才是圣人,才够得上是个大宗师,然后入世用世,所谓用世之道。"

但是,在现实社会当中,所谓成功的秘诀恰好与之相反。大部分商家都会刺激我们的分别心,让我们看到"这个"和"那个"不一样。比如,明明两款手机没有本质的区别，他们还要设计一些小小的功能：边框加宽一点儿，镜头光圈增大一档，音响方面添加杜比音效，耳机增添降噪功能等，这些所谓的新功能都是商家为了刺激人们的消费欲望而开发的，是追求盈利的模式。

不管什么样的商业模式，究其本质都是要让人性的贪嗔痴慢疑、怨恨恼怒烦得以彰显、放大。这就是我们的人生。而庄子正是在不断地告诉我们，这些都是假的。

任何刹那间的放松都弥足珍贵

为什么我们白天做事,晚上还会做梦?因为整个社会就是这样。但如果一天之中连十分钟都没有留给自己自由放松的灵魂,那不是太紧张了吗?

白天,我们需要去"厮杀",我们不断地在做事的过程中撩拨别人的欲望,创造他们的分别心——每一个创业者难道不都是正在做这些事情吗?而大部分上班族不正是跟随着他们去做这件事情吗?

《梁冬说庄子》从来不敢奢望大家,甚至对梁冬自己都不敢要求,能够真的成为二十四小时的真人。但是,我们一定要清醒地认识到,留给自己一点儿自由灵魂的空间和时间，是对自己最大的犒赏，这也应该成为我们生活中基本的练习。

那些小小的美好时光就像餐后甜点一样，是我们真正获得幸福感的源泉。

很多朋友都说，常常读《庄子》的人会成为太放松而不思进取的人。其实，这是他们多虑了。正是因为我们日常生活中已经有太多的紧张情绪，一刹那间的放松才弥足珍贵。我相信庄子本人也是这样的一个人。

今年的高考已经结束。我想起自己人生当中最幸福的暑假，就是高考结束后的暑假。因为小学毕业后的暑假，要为初中的学习做预习；初中毕业后的暑假，要为高中的学习做预习。从小学到中学的每个暑假，我都有做不完的暑假作业和预习题。

回想高三毕业那个暑假，我都做了什么呢？我读完了《琼瑶全集》，还读了当红"香港女作家"雪米莉的小说，幻想着去尖沙咀和王祖贤喝汤。小的时候，我们只能听齐秦的歌，如果不听齐秦的歌，我们怎么去喝汤呢，又怎么知道王祖贤呢？

之前，有一部叫作《高手》的话剧演出了。小梁也算是参与其中，从创意开始，我就一直在和他们的主创人员聊天。当然，可能也没有帮上什么忙，或许唯一帮到的忙就是看话剧的时候，我频频鼓掌，并老泪纵横。在《高手》里面，有一位年轻医生的梦想就是去尖沙咀和王祖贤喝汤。瞬间，这个场景戳中小梁的泪点。

高三毕业后的暑假，我就每天听着齐秦的歌，看着一个叫"雪米莉"的人写的小说——后来，我才知道那些小说是由一群师范大学的年轻老师，为了赚钱而编写的香港的故事。

通常，这样的故事讲的是住在深水湾或者浅水湾的富家公子，穿着班尼路的球鞋、佐丹奴的裤子（在他们心目当中这些已经是香港的名牌），还开着平治（奔驰）跑车——为了显示小说具有香港文人的笔锋，他们专门把奔驰的品牌名写作"平治"。

人生一定要有什么意义吗

说回来，高三毕业后的暑假，我仅仅是听着齐秦的歌，阅读了琼瑶、雪米莉、古龙以及金庸的小说。每天买一个西瓜吃——西瓜对我影响至深。那个时候，我总是吃西瓜的原因是觉得自己满脸的青春痘，想吃西瓜去去火，但我发现越吃西瓜青春痘越多。直到二十年之后，我学过中医才知道，"阴阳互根"，正是因为胃中寒，所以热进不去，只能往外飙，于是才会长了满脸的暗疮。

我在那个暑假没有期盼，因为已经决定自己将来要上哪所大学；也没有预习，因为没有人告诉我上大学以后学什么课程以及该怎么预习；也没有留恋已经毕业的高中，因为那一切像梦一样，连看见教高中生写作文的书，我都会心生恐惧。

所以，那个时候，我既不留恋过往，也不展望未来，只是在家里面没日没夜地放松心情。也许你会问这些有什么意义，我只能告诉你，这一切都没有意义，却使其成为我唯一记得的暑假。

上了大学之后，每年暑假我都想着该去哪里实习来为自己的履历填上一笔。以终为始（史蒂芬·柯维在《高效人士的七个习惯》中提到的第二个习惯，就是想清楚了目标，然后努力实现之），一个优秀的大学毕业生应该去如何书写他的实习经历、要有在哪里的学术经历、在哪个电视台或互联网公司的工作经历，还要发表什么样的论文，我的全部精力都花在思考这些事情上。

那些并没有多么伟大的意义、没有惊心动魄时刻的平凡日子，居然构成了回忆当中最美好的时光。

有些时候，看到儿子坐在那里发呆，我都很小心翼翼地走过去，不愿意打扰他，因为可能他正活在自己一辈子当中最完美的时刻——没有作业，不需要背负 KPI（关键绩效指标，Key Performance Indicators 的简称），也没有攀比，只是无所事事地待着。

虽然从表面上来看这些都没有用，但有可能一辈子当中最幸福的时刻，就是无所事事待着的毫无意义和作用的时刻，而这些时刻恰恰构成了一个人感到幸福的主要回忆。

不要让孩子过早地赢在起跑线上

  年轻的妈妈一定要记住这句话：不要让孩子过早地赢在起跑线上。

  如果让孩子太早去跑步，一旦跑到终点的时候，连他们自己都忘记了当初是怎么开始跑的，甚至忘记了跑步之前在草坪上蹲着的感觉。

  沈复的《浮生六记》里面讲，小的时候，他趴在草地上看到的草就像参天大树一样。晚上，蚊子在旁边飞着的时候，点上一根香，让香的烟气跟随着蚊子跑。如果把眼睛的焦点关注在蚊子飞着的状态上，就发现蚊子犹如仙鹤在云端飘行。其个中趣味，只有点上一根香，使得烟雾缭绕,并跟随着蚊子飞才能体会到。

我们可以想象自己骑在蚊子的背上,腰缠十万贯,驾鹤下扬州……

还是那句话,**最重要的幸福都不是花钱买来的。**

现在,如果让我脱口而出,小时候最快乐的一件事情,我会说那是在攀枝花托儿所的事情。我喜欢看着水泥屋顶发呆。由于工人在施工的时候没有将其抹平,我就看到有一块突起的地方像匹马,旁边的地方就有"神笔马良",还有的地方有"云彩"、"山"……那些房顶上凹凸不平的水泥块就变成了一个又一个故事。

午休的时候,在托儿所的休息室里,我的左边睡着一个小女生,右边也睡着一个小女生。我仿佛能够"左拥右抱"、"指点江山"……因为老师让我给大家分配饼干,我把完整的饼干都给了同学,把碎的饼干留给了自己,于是,老师在班级里面表扬了我,其实,他们不知道,我给自己的碎饼干加起来总共最少有五块,而我给同学们分的都是一人一块。老师还在表扬我:"梁冬多好啊，把碎的留给自己……"她全然不知道有一天我会为当时把五块整个的饼干掰碎后留给自己而忏悔。

只要借助一些公开场合去忏悔自己的过去，哪怕是很微不足道的贪嗔痴慢疑，就会舒服多了。

这是我第一次讲述自己童年的回忆。试想一下，午休时我睡醒了，看着旁边的两个小女生还在甜甜的梦中。我看一下左边这个，再看一下右边那个，虽然知道她们将来可能跟我也没什么关系，但那一刹那间，并不受道德的约束。其实，是一样的，我感到天地为我所用。夏天的攀枝花很热，用不着盖被子。现在想起来，我是以天为被，以地为床了（当然，我还是躺在自己的小床上面）。

你知道那种童年的快乐有多么震撼吗？高中的时候，我回到那个托儿所时，看着当时的那张床，觉得它怎么如此之小，小到觉得自己当时怎么能够在里面翻跟头呢？但是，这都不重要，这就是生命。**这些生命当中无意义、没追求，甚至没有未来、没有过去的细节，才构成了我们所有快乐的源泉。**

不理解什么是"道"，
就看看得"道"之人是什么样子

庄子认为，他实在没有办法说出究竟什么是道，只能告诉我们得道之人的样子。

犹如现在没有人能够说出究竟什么是商业、什么是商道，他们只能够告诉我们真正成功的企业家是什么样子的。

他们会讲，这些成功的企业家总是在想着怎样符合人们的需求，如何用更低的成本创造更大的利润，如何让生意可持续发展，如何搭建团队等。成功的企业家始终感受着，技术的变革对自己现有商业模式的影响。他们白天做老板，晚上睡地板，永远是最辛苦的人；他们知道不会有KPI给自己，直到破产那天才知道自己做的到底是对还是不对。

　　这些就是得道商人的状态。我们可以借由对他们的解读，去理解商道。很多女人的人生终极目标是专职旺夫，那么专职旺夫的女人是什么样子的呢？她们会很妖艳漂亮吗？她们是对老公很凶恶还是百依百顺？她们用什么样的语言模式或者拥有什么样的情绪反应模式？

　　通过对成功人士太太的大样本分析，你会发现她们确实有某些共同点。在我看来，专职旺夫的女人起码有两个最基本的特点。

　　第一，她们永远不断地鼓励自己的老公。可能是棒喝，也可能是赞美，还有可能是反刺激。总之，她们给予老公的永远是鼓励，希望他能够往前走，不断地上进。

　　第二，她们没有强烈的自我存在感。因为她们知道，只要老公有价值，他赚的每一块钱，都有自己的九毛钱以及贴现的未来，所以她们根本不需要虚名。

我举这两个例子是为了说明，当不能够理解无法名状的道时，我们可以用得道之人的状态来大致表达。庄子就是这样用真人的状态来跟我们讲大道。

圣人心中没有个人，只有大方向和主流

接着，他讲到"故圣人之用兵也，亡国而不失人心；利泽施乎万世，不为爱人"。这句话很厉害，意思就是圣人不是不杀人，因为只要用兵就一定会杀人。即使把别的国家整个消灭了，他们也可以被称为"圣人"。

读到这句话的时候你才能够理解，庄子并不是我们想象中的天天在家里面"颅内高潮"的人。他知道，在残酷的人类演化史中，有时候，杀人也是一种手段（当然，这是指古代的人权跟现在的人权不一样的情况下）。

不过他认为，一个圣人即使用兵杀人甚至把别的国家推翻了，他也不会失去那个国家人民的心。其实，周

朝灭商朝的时候就是这样，也就是"得人心者得天下"。

反过来，他又说："利泽施乎万世，不为爱人。"意思就是，让所有人都获得好处，但不是因为爱某一个人。

这两句话联系到一起来看，你就会发现，**圣人拥有宏大视野，在他们心中没有个人，只有大方向和主流。**

南怀瑾老师认为，得道的圣人用兵，亡他人之国，而被亡的国家，反而个个爱戴，个个拥护的原因就是：得道人用兵，不是为个人私欲，不是为侵略人家，而是为万民的利益。拿现在的话来说，就是为人民造福利；这种福利，不是我们现在的福利观念，是"利泽施乎万世"。

大概七八年前，我在创办正安的时候，有一次去不丹见一位企业界的大佬。我们一起爬山，去看龙树菩萨的道场。这位企业家就跟我说："我们公司一切行动都以大的使命为方向。如果你认同，那你就是我爹；如果你不认同，就算你是我爹，我也要干掉你。"

当时，听到这句话后，我不禁被吓出一身冷汗。但现在看过来，起码在那一刹那间，他确实是这样认为的。

后来，我接触过很多从这家公司离职的创业员工，其中一个人还是太安私塾的同学。现在，他自己的企业也做得非常优秀。有一天，我请教他："以前那家公司，怎么做商业判断？"他说："总监级以上的人在考虑新的运营时，大老板只会问一个问题：'现在做的事情能够解决什么社会问题？'"

试想一下，有什么样的社会问题会真正需要这样体量的公司花费资源去做？其实，他并不是想着能赚多少钱。因为赚钱是必然的——只要能够用这样的方式解决问题的话。

庄子认为，真人的情不是留在一处的，他心里的情是大众之情，他不会有强烈的分别心。

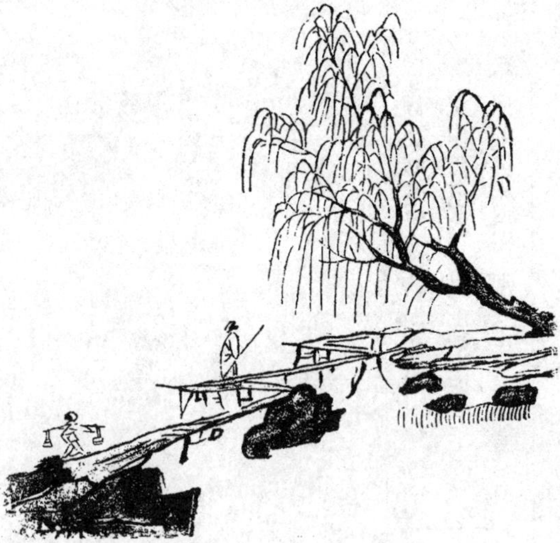

你要回归自己的内在,说出自己内心真正相信的东西。只要你相信,别人也会相信。

第七章

自己都不相信的东西,怎么会让别人相信

原典

故乐通物,非圣人也;有亲,非仁也;天时,非贤也;利害不通,非君子也;行名失己,非士也;亡身不真,非役人也。若狐不偕、务光、伯夷、叔齐、箕子、胥馀、纪他、申徒狄,是役人之役,适人之适,而不自适其适者也。

欣赏音乐就是
让你身体的频率去感应乐章的频率

然后,庄子又接着讲了一句话——"故乐通物,非圣人也。"有人认为,这个"乐"是快乐的乐。意思是,如果你的快乐只是构建在物质的需求上,那么你就不是圣人。

这句话也可以理解为,在做音乐的时候,一联想到某些事物,就不是圣人做音乐的状态,因为情绪、体验、旋律是超乎于具象之上的。

基本上,音乐是一段有旋律的声波频谱。**在音乐欣

赏方面，我们需要注意一个很重要的特点，就是不能够将其过于具象化。

小的时候，我被拉去听交响乐，《动物狂欢节》、《森林交响曲》等。我总是在想，这一段音符是不是预示着有头大象来了，那一段音符是不是代表仙鹤在飞，这一段旋律是不是证明大家在开 party，那一段旋律是不是表示一群野狗在吃着烤羊肉串……

四十岁的时候，我认识了很多做音乐鉴赏的朋友。他们告诉我，听音乐的时候并不需要去想象画面。音乐是让你身体的频率去感应乐章的频率，它是超越具象文字语言、超越象形思维的。

心里面有远近亲疏的，就得不到普遍的人心

接下来，"有亲，非仁也"，意思就是，如果心里面有远近亲疏的分别，就离普遍的人心远了。我在大学学习大众传播的时候，一位老师讲的话给我的印象特别深刻。他说："大家记住，所谓沟通其实是一个伪命题。如果你讲的东西连自己都不相信，或者没有被感动，却试图通过和别人沟通，让他们相信或者被感动，这是不可能的。"我们说："那么，应该怎么办呢？"他说："最重要的是，你要回归自己的内在，说出自己内心真正相信的东西。只要你相信，别人也会相信。"

所以，**与外物沟通的手段是与内在的协调**。这就是如遇向外，反求助于内。如果你想跟别人进行外在的沟通，就需要往自己的里面走，这就是老子所讲的"反者道之动，弱者道之用"。

这几年做《冬吴相对论》的时候，我也有过这样的体会：如果在节目中，我们自己聊得很辛苦，听众听着也会感到很难受；若我们自己酣畅淋漓地聊天，大家则引发出强烈的共鸣。

其实，《冬吴同学会》的第一期也讲出了我们自己的焦虑。在一个知识社会普遍存在的时代，人人都是大咖，《冬吴同学会》又是什么？我和老吴花了很长时间进行沟通，才得出一个本来就明白的道理——**老朋友不需要从这里获得什么，也没指望带走什么**。

所以，《冬吴同学会》的初心就是朋友和朋友的聊天，与其他朋友分享生命的同在状态。或许听众想要得到的不是信息而是频率，这就像庄子说的"故乐通物，非圣人也"。它是频率，而不是具象的有用没用或者是什么不是什么。

"有亲，非仁也"，意思是当你拥有了分别心，认为自己跟这个人更亲密、跟那个人不亲密的时候，就离内在的人心远了，因此要回到内在自我的人心。

所以，"人者，仁也"，就是说每人都有内在的核，这个核就是最初的那颗种子。

曾经，有一位老师在讲仁的时候，说它就是指内在本来就具有的状态，而且是如此地普世。一个人并不会因为你特别喜欢他，他就没有了贪嗔痴慢疑，他就不需要去厕所——再漂亮的女人也一样；而一个人也不会因为有人特别讨厌他，他就没有同情心。

其实，人和人都差不多。如果我们能够真正回到内在本来就具有的状态，所谓的消费者分级、定位等，都是很不靠谱的事情。

真正优秀的节目不存在适合谁或者不适合谁的问题。有一次，我们全家人围在一起看《非诚勿扰》，一家老小有着各自的爱好，但我们都能在其中看到自己喜欢或者觉得很好看的东西，而且好笑的地方大家都觉得好笑。

所以,定位这件事情,是落于气这个层面的。内在的定见,才是正见。

没有在利里面看到害、没有在害里面看到利的人，都不是君子

庄子又说："天时，非贤也；利害不通，非君子也。"也就是说，如果一些人特别讲究天时，他们就是机会主义者。如果一件事情只有现在能做，明天就不能做，后天也不值得做，那么这件事情不做也罢。

像《冬吴相对论》这样的节目，去年复播或者明年复播，在我看来没有特别大的区别，节目不赚钱的时候那么做，节目赚钱的时候也没指望着能够赚多少钱。

读《庄子》的时候，我常常获得了片刻的安慰。有

些时候，我以为是这样，但常常会被社会的共业裹挟，就会怀疑内在的信心。后来，我发现原来庄子就是这样认为的，而且地球上许许多多聪明的人用自己的生命反复验证过庄子在某些时候或状态下，是真的很高级。

利害不通，非君子也。行名失己，非士也。

这句话什么意思呢？如果不能够把利与害打通来看，没有在利里面看到害，或没有在害里面看到利；没有在好处里面看到风险，或没有在风险里面看到机会，就不是君子。

因为求名而丧失了自己本性的人，就不是一个有道的人。

之前，我看到知乎上的一个问答，之所以古代觉得优伶娼妓不高级，也许是由于他们的职业特点。一方面，士大夫阶层绝对不能娶她们；另一方面，这个职业具有先天的悲剧性。比如，他是一个搞笑演员，但家里有了丧事，本来就不应该开心的，但自己为了工作还需要去搞笑，说明这个职业远离内心自我真性情——因为古代的人是以职业距离内在自我的远近，或者说大道的远近，来衡量它的高低贵贱。

"行名失己，非士也"，讲的是为了名声和好处，伤害到内在的自我，就不是天地之间的人。

冯学成老师在《禅说庄子》中讲道："当我们的社会性和自然性发生了冲突，虽然冲突伤害到了我们的自然性，但在平时我们往往是没什么感觉的；只有当冲突威胁到生命的时候，我们才会感觉到自然性的珍贵。所以不要去'行名失己'，更不要'亡身不真'，为了事业，为了名誉，为了这个，为了那个，丧失了自己生命的本真。"

大概，这几句话确实讲出了真人的另外一面。简而言之，庄子试图用真人的状态来表达——**要把自己融入世界万物的过程中，不要有强烈的自我意识。否则，会让你的行动有偏差，做人不舒服，而且旁边的人一定可以感受到你的不舒服**。对此，小梁已经无数次地发现，并且验证过了。

不要轻易被别人肯定的眼神所绑架

庄子说:"亡身不真,非役人也。"用现代场景来解释的话,这句话的意思就是,如果只是活在虚幻的朋友圈点赞当中,即使死去也不会有真切的感受,因为那是为别人而死,不是为自己而死,也没有什么意思。

在这一段中,庄子列举了若干在中国古代有意思的,据说还被列为有情操的高人的状况,并提出了与这些人相反的意见——"若狐不偕、务光、伯夷、叔齐、箕子、胥馀、纪他、申徒狄,是役人之役,适人之适,而不自适其适者也"。

狐不偕是尧时期的贤人,据说尧要将天下让给他,狐不偕就不肯接受，甚至投河自杀。庄子认为，他死得不高级，完全受到朋友圈的点赞所束缚而死，就是为了"我连天下都不要，我就想死"的名声，被别人的目光所绑架。所以，庄子认为这种死没什么意思。

务光是夏朝时候的贤人，汤要让天下给他，他也是断然拒绝，然后投河自尽，看上去死得比较高级。庄子认为，他又是一个因为朋友圈点赞而死的人。还有伯夷和叔齐也是类似差不多的故事，还有箕子、纪他，等等等等。庄子列举这些人的事，就是想说明他们为了所谓别人肯定的眼神或者支持，被别人的意志绑架而死。

这让我想起历史上很多所谓忠臣，他们就是要给皇帝卖命，恨不得拉全家十族（包括邻居、亲戚朋友等人）陪葬，只是为了让史官给自己写上一句话："这个人坚持真理，所以被杀掉。"

大概从夏商周时期开始，中国古代历史上就一直存在这种习惯——为了留取历史上的名声，没有让自己活到自然的状态。对此，小梁也无法作出该如何评价的判断。但是，起码庄子对此给出了差评。

我们的分别心从哪来呢

"为善无近名,为恶无近刑",意思不仅仅是做了好事不追求名声,它的本质内涵是,对得道真人来说,天边飘过五个字"啥都不是事",好事没有想象的那么好,坏事也没有想象的那么坏。

那么,我们的分别心从哪里来呢?其实,我们的整个大脑活在一种有趣的惯性当中。可以做一个有趣的实验,如果现在我说出五个字,而且你不要去想象这五个字所表现的内容,你会觉察到什么?我想,或许有一半以上的人会想到"红杏出墙来"这五个字,这难道不是一件很神奇的事情吗?这就是我们大脑运行的机制,我们活在对过往声音重复的惯性以及对未来声音想象的惯性当中。由于这些惯性常常反复出现,于是它们变成非真实的幻象。

有些时候,这些惯性甚至直接导向我们对好与坏的判断,因为这样比较节省我们的内存和运算量。换句话来说,比较省我们的"脑油"。

小的时候,我们都学过九九乘法表,其本质就是用口诀代替推演,用惯性接替实像。一说到"三七",你自然而然想到"二十一",我却说"三七"既可以是苗乡三七,又可以是用来做云南白药的三七。

这种把真实的推理口诀化、结构化以及惯性化的方法,非常符合人脑的需求,因为能够直接得出答案。然而,这样一来,会出现最大的问题就是,让我们不假思索。我们的眼、耳、鼻、舌、身、意,总是活在这样的惯性当中,对于道德判断的好坏利弊,也都习惯性地被这样认知了。

很小的时候,我们就开始喜欢吃甜食。每个小朋友吃到甜食都很开心，不管这种甜度是来自水果的甜，还是来自香精合成的甜。但是，为什么苍蝇闻到粪便的臭味，就觉得香呢？因为那也来自它的惯性。

当觉察到几乎一切关于好坏、对错的判断，都只不过像九九乘法口诀一样，已经被结构性地导出答案的时候，我们就要开始觉察，这可能是我们所有痛苦的源泉，因为这些痛苦很多时候都只不过是由习惯开始。

做一个不被自己性格绑架的人

一般情况下，到了二十八九岁还没有把自己嫁出去的话，女青年就会开始焦虑。其实，必须在三十岁之前把自己嫁掉，只不过是在人类平均寿命只有三十八岁的时候，积习传承下来的观念而已。在现代社会，或许女青年在三十岁之前把自己嫁掉，并不会让自己更快乐，起码与让自己快乐之间不一定是正向关系。而到三十岁的时候事业还没有看到方向，男青年就开始焦虑了，因为有句话叫"三十而立"。

在这一篇讲到关于怎么死得高级这件事情上，庄子特别提到了在历史上被认为死得其所、死得重如泰山的人,他们不求国家、不求利益,用死来彰显自己在朋友圈里面获得的认同感。庄子认为这些毫无意义,因为他们在临死前还念念不忘的是"历史将会如何描写我"。**一般人会被利益绑架,一般人之上的人会被自己的口碑绑架,更高一级的人会被历史上自己的名声绑架。**所以,圣人可以针对不同的人给出"药品"。

我每天在读《庄子》的时候,时常会陷入庄子在写这些内容时的精神状态。很多时候,读书是调频的过程,就像聊天也是调频的过程一样。我想,庄子在写这些文字的时候,他一定在问自己应该以什么样的方式死去,应该如何死得高级。

那么,你知道庄子是怎么死的吗?也许历史上有一些相关的记载,但应该并不怎么壮烈,这就是庄子最终的选择。出生不是一件多么宏大的事件,圆寂也不是什么了不起的时刻。"生死一也",两眼一闭,第二天早上醒来,一天过去了;两眼一闭,到了下辈子醒来,一辈子就过去了。

在很久以前,庄子可能已经隐约感受到了反仪式感的魅力。我发现，做得非常好的企业，很少做特别具有仪式感的大型活动。儒家强调，仪式感包含了一种礼仪——用来强调个体或者是群体的价值。但是，庄子具有某种反叛精神，不按常理出牌，具有宏大视野，并且真正理解人性，更不会被自己的性格绑架。

现在，我想再反过来讲讲前面的"故乐通物，非圣人也"这句话。之前我们讲过，如果音乐太过于具象化，就不是圣人所追求的。其实，可能还有另外一种读法，叫"故乐（lè）通物，非圣人也"。也就是说，如果你的快乐或喜悦，是基于某些实体的物质的话，也是被器物所绑架，也不是圣人。

的确，真正的快乐可能不怎么花钱，也花不了什么钱。

读书的快乐，来自"反刍"

有一次梁友圈聚会的时候，我们一帮朋友聊天。我说："如果有机会，可以试着体会一下用意念将自己的左侧鼻孔或者右侧鼻孔塞住，如果不用手去摁着鼻孔就能感觉到的话，说明你已经把念头从眼睛以外，收回到眼睛以内。"

也许你还能够通过自己的意念，把自己正在塞住的鼻子，啪地打开，很多人都有过类似的经验。其实，鼻塞的时候，鼻孔瞬间通畅会非常令人愉快。

你可以试一下，是否能够不用按迎香穴、不用洗鼻盐、不用打针、不用刮痧、不用吃药，仅凭自己的念头,通过锻炼自己的念力,来让自己的鼻子通畅呢?

如果能够做到,那就是你不用通过具体的东西而得到的快乐,这也就是圣人的快乐。

这样的快乐需要花多少钱,需要什么工具呢?如果你能够通过自己的念力,让自己想念的人在三天之内给你打电话或者发微信,甚至你能在报纸上看到他的相关消息,抑或朋友突然转发了一条关于他的消息给你,又需要花什么钱呢?

以上就是虽然这一段已经讲完,但我再反过来看"敀乐(le)通物"另一个版本的解释。

其实,读书的快乐来自"反刍",就像牛在吃完草以后,晚上将其吐出来嚼一嚼,再吞进肚子里得到的快乐。所以,牛的消化能力很强,是因为它经常反复咀嚼。

晚上夜深人静的时候,想着红烧肉的味道,把自己的口水嚼烂之后徐徐咽下,你会不会有一种若有若无吃红烧肉的感觉?

他们大部分都对视野宏大的事业充满兴趣,却没有小圈子,也不党同伐异或者结成攻守同盟。如果身边有这样的朋友,你应该好好珍惜他们。

第八章

一定不能放过的好男人——有义气且不经营小圈子的人

原典

古之真人，其状义而不朋，若不足而不承；与乎其觚而不坚也，张乎其虚而不华也；邴邴乎其似喜也，崔崔乎其不得已也……故其好之也一，其弗好之也一。其一也一，其不一也一。其一与天为徒，其不一与人为徒，天与人不相胜也，是之谓真人。

警惕那些想用奉承
来与你交换利益的朋友

我们来谈谈何谓真人。庄子说"古之真人，其状义而不朋，若不足而不承"。我认为，这两句话特别高级。当然，我一说到"高级"就显得离庄子远了。但是，我还是只能用这样的词汇来形容内心摇头般的赞叹！

其中，关于"义而不朋"有两种解释：第一，真人怀揣着叫作"义"的社会契约精神，大众也同样都遵守着。比如，环保、公共卫生、民族大义、世界大同对人性的共同理解等，这些都是普世价值观。古代的真人内心存在着人类的普世价值观，也就是说，他的内心有世界上所有人,但他却不拉帮结派、没有朋党。第二,将"义"念作巍峨的"峨",将"朋"念作崩塌的"崩",意思就是说真人的状态很巍峨,但不崩塌。我个人认为,第一种解释更符合我内在对真人状态的期许。

关于这句话讲真人的状态,南怀瑾老师说:"有为而无为,做了就是做了,所谓救人救世,牺牲自我,义所当然,应该做的事做完了,也不需要你知道。"

《世说新语》中常常会描写一些让人觉得与之交往很舒服,放达而有魅力的男人。**他们大部分都对视野宏大的事业充满兴趣,却没有小圈子,也不党同伐异或者结成攻守同盟。如果身边有这样的朋友,你应该好好珍惜他们。**

"若不足而不承",意思就是他们很谦虚,认为自己浑身有很多不足的地方,但他们不会奉承别人。想想看,他们是多么让人觉得幸福和舒服的朋友啊。他们既没有给你压迫感,也不会奉承你,更不需要从你那里得到任何交换。

如果一个人过度地奉承别人，而不是发自内心地真正欢喜、认同的话，他多少就会带有某种交换的期许——哪怕他对你的表扬想换回的只是你对他的表扬。人性里总有这样的特点：用表扬换表扬，用八卦换八卦。

不想获得别人的认同，
也不反对别人对自己的不认同

"与乎其觚而不坚也，张乎其虚而不华也"，意思就是他们的人格很特殊却不固执，志向高远却不虚荣。

"邴邴乎其似喜也，崔崔乎其不得已也。"其中，"邴邴乎"的意思是安畅的样子。这句话是说，真人畅然自适好像有喜色，一举一动都合乎自然的道理，他和悦的颜色又令人觉得非常可亲。

这里描述真人的情况大概就是，他们既没有喜欢什么，也没有不喜欢什么；对什么都没有表现出很强的对抗心，但又好像流露出挺喜欢的样子。

《易经》里提到过"凡有动静行止，莫不有礼"。说的是运动与静止，行动与止息必须达到必然至极的境界。《论语》中也有"隐居以求其志，行义以达其道"。这几句话都稍微有一点儿文艺范儿。基本上，这些话是在描述不急不慢、不玩手机也不冲动、不想获得别人的认同也不反对别人对自己的不认同、好像活在自己的世界里面但又对别人很关心的样子。

我有一位年轻的朋友，他二十岁出头，刚大学毕业。因为他是做技术的，我经常跟他谈论睡梦、"梦联网"以及AI（人工智能，Artificial Intelligence的缩写）。我"忽悠"得天花乱坠、风雨飘摇。他就这样静静地看着我，我说完之后，他既不奉承也不接话，过了五秒钟点了一下头，我们就沉默了。

我就问他："鱼哥，你的意思是……"过了一分钟以后，他会把做这件事的行动路径想完备，匡算出来可以做成这件事的时间，再告诉我："嗯，可以做。"于是，他就生生地在几十天之内，把我们"梁友圈"的平台搭建出来，包括交互界面、后台的数据、运营方式等。

一般人长距离骑自行车的话，会从四川骑到川藏边界，然后坐火车或搭乘飞机返回。但是，小鱼哥仍然会骑着自行车返回——这样的人怎么会没耐力、没精神、没有体力呢？

我跟他说区块链、人工智能等每件事情，只要和他讲三秒钟，他就会说："嗯，我看过一篇这样的论文。"我问："你天天这么忙，怎么还会有时间看论文？"他依然是沉默。

我之所以很喜欢他，是因为他总是好像认同你，但又有自己的主见；他很虚心地听你讲着每一句话，但却从来不奉承你。你说完之后可能自己都已经忘了，他却一直在想着该怎么做，甚至两天后他就做了出来。有的时候，我只是说说自己的想法而已，他就做出来了。

慢慢地，我不得不认真地想清楚自己到底想要什么东西，然后再和他们沟通。否则，一旦我说出一个并不成熟的想法，就会把他累得半死。因为我很心疼他，于是我现在每天打坐的时候都在想："到底我们要做什么？""到底应该走向何方？"……

很多人都说，管理上级是一件很困难的事，我却没有觉得他管理我有多么困难，他只是用自己的沉默和坚定的行动，潜移默化地改变着我。关键是，他能够做到"若不足而不承"，好像很虚心、虚空，总是接受我的想法，但从来不奉承我。

管理上级、管理下级和管理自己，最简单的窍门就是——慢一秒

为什么我刚才提到《世说新语》呢？因为我常常给大家讲一个故事，大致的意思是，在饭桌上，有个人总是不说话，后来别人问他为什么不说话。他说："我知道他们在说什么，但我怕我说的他们都不知道，还有什么好说的呢？"

每每想到这个情景，我就会因为自己说话太多而心生愧疚。

遗憾的是，我身无长物。别人有手艺，甚至可以成

为非物质文化遗产传承人。而我只能靠说话来赚钱，否则怎么能供养得起我家的"神婆"和"公子"？一想到自己拖家带口，我就会有一种幸好还能说话的小确幸。但是，说的时间长了以后，我会开始有一种想把话说得再慢一点儿的冲动——想着是否可以说完一句话以后，停顿八秒或十秒，看看这个期间会胡思乱想什么。

让我们来做一个简单的练习。试一下，在两秒之内，什么都不想。我数过"三、二、一"后就会停顿两秒。"三、二、一"，两秒钟过去了。这个时候，你能做到什么都不想吗？我在想"嘀嗒嘀嗒"，幸好我有"嘀嗒嘀嗒"可以去想，否则，我还是会胡思乱想。

为什么我在这个地方突然插入这样的实验呢？其实，我是想跟大家分享，一个人能够把自己的念头收拾得不那么乱的话，他的眼神就不会乱，神态也不会乱。只要能够做到不乱，就自然而然地会让别人对他产生信赖感。

管理上级、管理下级和管理自己，都有着简单的窍门——慢一秒。不用多，只需要慢一秒即可。

当别人说完话以后，不要着急接话，而是想清楚自己要说什么，并且用最简短的语言表达出来。这样一来，你会发现省去了很多不必要的麻烦。**多余的话会带来多余的烦恼，多余的钱就要做多余的事情。**

而且你会发现，这种慢一秒的动作会反过来作用于自己的心智模式。

曾经，我有一位朋友，他就真的在做这样的行为艺术。比如，我们在茶席上喝完茶，决定站起来的时候，我发现他从决定站起来到起来的动作发生之间，会停顿一秒钟；在准备说话之前，即使话已经到嘴边了，他依然会停顿一秒钟。

他告诉我，慢慢地，这种外在的练习帮助自己把内在心率调整到慢一秒钟的频率上，于是自身整个内在的情绪模式也慢了一秒。令人感到意外的是，奇迹发生了，这样做了三个月之后，他发现自己成为一个受人尊敬的人。

很多人在说完话以后，如果对方迟一点儿回复自己的话,他们就会立刻怀疑自己是不是说错了什么。然后,他们就赶紧检讨,再把话反过来说,甚至还表扬自己,这些都是为了试探一下对方的反应。其实,对方什么想法都没有,什么也没有做,只是停顿了一秒钟而已。

在孩子做错事以后,很多家长都会用比平常高的声调去直呼孩子的学名。一听到家长直呼自己的学名,孩子就知道自己犯错误了。只有很少的父母会在孩子犯了错误之后看着他们,拿出五秒钟的时间来保持沉默。

其实,如果你这样做的话,就会发现,孩子会变得慌张,承认错误,作出改变;他们还会调整自己,甚至自发地去做应该做的事情,而你只需要沉默罢了。

这只要求我们在行动之前慢一秒而已。如果将这个练习坚持做一百天,奇迹就会发生。

有一种品位叫
"除了最好的,宁可不要"

《大宗师》呈现出了真人的气象。我突然觉得,庄子在用这种方式告诉我们观察人的艺术。

我的一位好朋友跟我分享了他在情场上的体验,他说:"经过我的多年观察,那些总是换女朋友的人都有着相同的原因。"我说:"因为什么?"他说:"因为他们品位不够高,没遇到过好的,所以觉得都差不多。其实,真正经历过好的以后,就不需要那么频繁地换了,宁可不要。"

这两年,由于种种因缘,小梁喝到了真正的茅台酒。我才知道，从大概率事件上来说，在市面上买到真的茅台酒非常不容易。大家有没有留意到茅台的股价一路上扬，很多人都认为，这是因为茅台的股票是所谓的白马股，或者是由于价值投资的回归。而我认为其中一个很重要的原因是，真正喝过最好的茅台酒的人没有办法喝其他酒，因此形成一种壁垒。

谈恋爱是这样，喝酒是这样，就连吃真正好的川菜也是这样。比如，我在成都吃过最好吃的火锅以后，我连上过纪录片《舌尖上的中国》的火锅店都不想去吃了，宁愿随便吃白米饭和泡菜，也不会浪费自己吃火锅的额度。

作为一个痛风病人，我认为应该把自己一年吃火锅的最多次数订为二十四次。但是，我还是给自己打了折，就是十二次——其实，一个月一次也很过分。

有过在深夜吃顶级好火锅的经历之后，你就会对普通火锅产生天然的免疫力；喝过最好的红酒以后，你就没有办法喝普通的红酒。于是，你就变成了一个简朴的人，除了最好的，宁可不要。

好多事情亦复如是。为什么庄子要和我们讲真人的状态？我估计，他是想提高我们的品位，让我们知道什么是好人——状态舒服的人。所以，真正的好人并不会有太多朋友，不是因为他的交友圈不够宽广，也不是因为他不随和，而是他宁愿在最高级的朋友到来之前或者来过之后的时间都淡淡地独处。

大多数情况下，有品位的人最终都会表现出——对东西没什么要求。因为他们知道，对于十分来说，五分和八分差不多一样，都是可要可不要的。

读《大宗师》的时候，我突然明白了，与最优秀的人成为朋友，跟他们惺惺相惜之后，面对人世间其他人做出的不靠谱的事儿，你拥有的不是抵抗、漠视，或者烦躁的心态，而是对不入法眼的事儿不屑一顾。这就像吃过最好的火锅的人，再让他吃普通的火锅，他宁愿不吃，即使强行拖着他吃，他也不会很兴奋。但是，他也不会对此有多么愤怒，大概就是这样。

《大宗师》整篇都在跟我们分享，从人世间的品位这件事情上来说，关键是要见过牛×的人。用庄子的话来说，你得和真人相处过，才能拥有那种对其他人和事带着并非淡淡的鄙视，而只是暗暗的漠然的状态。

有些人的心肠为什么冷

那么，真人大概是什么样的人呢？庄子在之前已经说过"邴邴乎其似喜也"。"邴邴乎"指的是真人很温暖，与人打交道的时候真心诚意、温暖喜悦，感觉他总是欠你一些什么东西想还给你，或者觉得自己怎么如此幸运，能够拥有你这样的朋友在身边，你的出现对他来说是对他生命的加持和祝福——怀着这样的心态去对待别人的时候，他就会有这样的状态。

也许大家会说，之前你不是说有品位的人对普通人都漠然吗？怎么在这里又说他们"邴邴乎"，对人很温和？其实，他们之所以待人温和，不是因为你值得温和，而是他会用温和的姿态对待所有人，但在他的内心里面只是假设——你将来有可能成为他内心中觉得足够好的人。这两者之间并不矛盾，因为最终能不能够对人温暖，是内在自我的元气和阳气的体现。

一个内心阴寒的人，碰见谁都恶毒。你会发现，即使是和朋友之间的对话，他都显得很刻薄，并不是他们的关系不够好，而是因为他以刻薄为乐。而有的人哪怕对待仇人，也是很宽厚的样子，这是本性使然。因为他们修的是内在自我的元气和热能。

前一段时间，《扶阳讲记》非常流行。中医有一派叫"扶阳派"，值得注意的是，这里的"阳"不是阴阳的"阳"，而是指代表元气的"阳"。元气表达视为"阳"，元气收敛视为"阴"。**那些得道的真人，未必真正认同周遭的所有人，只不过是习惯性地对所有人都这样而已。**

去过日本的人都体验过，和一家人聊完事情之后，主人会出来送你，有些时候会向你鞠躬，有些时候是半弯腰之后起立，甚至像擦玻璃一样不停地向你挥手，一直挥到你的车子转过街角再也看不到他为止，此时对他来说送别这件事情才算结束。如果你认为他有多么喜欢或认同你，恐怕未必，因为他们之所以那样做不是因为你，而是因为他们就是那样的人。

一旦体会到其中的奥妙，你就能够理解"郋郋乎其似喜也"这句话的深刻含义。他们是用内在的自我温暖喜悦的修行，来化自己内心的阴寒之气。

以前在讲《黄帝内经》的时候，徐爷（徐文兵）说过"这人心肠是冷的"。因为心经与小肠经、肺经与大肠经视为相表里，也就是说他的气血在心肠之内不流通。

所以，一个冷心肠的人对世界冷漠、对自己无情，自然而然地，他就没有了温暖感。

不出手则已，一出手要马上解决问题

接下来，庄子讲到"崔崔乎其不得已也"，是指如果不是迫不得已，或者基于正义的需要而摧毁一个东西，真人是不会随随便便出手的。

《孙子兵法》里讲"后发制人"，"不战而屈人之兵"，就是在强调君子或者圣人以不战而胜，根本不需要打仗。因为自己和对方已经不在一个层次上了，就不需要再讨论了。

一般情况下，除了很奇葩而独特的国家或组织以外，几乎没有一个很小的国家会主动挑战用导弹打美国。不是因为其他国家有多么爱美国，而是因为他们都知道自己的国家与美国之间的实力相差太远。

庄子认为，如果真人要出手，一定是到了万不得已的地步。因为一般情况下，真人是不会随随便便出手的。第一，他会将自己的势能蓄得很高，让你不敢去动他；第二，如果真的有矛盾的话，他会用智慧来化解——仁者无敌；第三，碰到万分之一的奇葩，不得不出手时也是不得已而为之。

冯学成老师讲到这一段的时候，提到了云门宗的纲宗：涵盖乾坤，截断众流，随波逐浪。所谓"随波逐浪"，就是"不得已也"，只能是随顺因缘而被迫出手。

我们在看武侠片的时候常常能看到这样的场景：一般人知道真正的武林高手很厉害，就不去招惹他。如果真的有人要和高手对打的话，高手也会以礼相待，尽可能以和为贵，到最后不得不出手的时候，他会让对方先动手，自己则闪展腾挪让对方三招，然后一挥手就把对方灭了。

我儿子看的印度电视剧《佛陀传》，里面有很多有意思的剧情。其中一个场景是，乔达摩·悉达多的哥哥想跟他比武来争夺"王国第一勇士"的称号。在斗兽场里面，两个人用棍棒来比武。乔达摩·悉达多压根就不愿意跟他的哥哥对打，便总是让着他，而他的哥哥就拿棍子追着他打。最后，包括乔达摩·悉达多的老师在内的各方力量都认为，作为未来的国王，他必须出手来证明自己是有能力的。于是，乔达摩·悉达多在让了他哥哥几十棍以后，两招之内就把他哥哥放倒在地。然后，用棍子顶着他哥哥的脖子说："好吧，点到为止。"

当时，这个情景让我想到了庄子所说的，真人本身有料，但不得已而为之。因为他知道自己一旦出手，对方会立刻输掉，这才是真人的高级。

反观我们的现实社会也是一样的。一般情况下，父母不要随便对孩子发飙、不要提高嗓门直呼孩子的学名。如果他们做作业不及时、不认真的话，应当动之以情，晓之以理。但是，如果马上就到需要睡觉的时间，孩子没有做完作业，而且还在拖拖拉拉，这个时候，做妈妈的必须使出必杀技让孩子立刻就范，马上把作业做完。之后，妈妈可以对孩子说："对不起，这样做是因为实在太晚了。"

那么,什么才是妈妈的必杀技呢?一般情况下,做妈妈的要有一定的智慧。如果平常已经把高声吼叫、不给零花钱、不买玩具、不去旅行、生日礼物取消等"核武器"用完的话,到最关键时刻,用什么才能搞掂呢?

其实,有智慧的妈妈都知道一个好方法——在关键时刻把爸爸推出去。因为平时爸爸不怎么管孩子,所以他发起飙来会很吓人。因此,有智慧的妈妈一定会妥善呵护爸爸发脾气的机会和权利,因为这才是最后的"核武器"——不得已而为之。

当然,有智慧的妈妈还有一些方法,但要看你平常给孩子包容、理解等一切有爱的物和情感有多少。给得多,才能拿得走;平常没有给,怎么能拿走呢?

这就像美国很快会启动较长时间的加息周期。小梁预测,这将会是一个暴力拉升的加息周期。其实,道理很简单,如果不把利息加上来,下一次美国再做货币大放水的时候,利用什么工具来减息呢?因为加息的目的就是为了在需要减息的时候有息可减。

"崔崔乎其不得已也"的背后在传递这样的信息：**在迫不得已要动手的时候，你一定要知道自己手上有什么。不出手则已，一出手立刻就能解决问题。**

庄子用这种方法告诉我们，真人不是弱者，而是善良且不愿意用自己哪怕一分一毫的真气跟你斗气的智慧者。但是，真正需要解决问题的时候，他一定是有方法的。

向任何一个人学习都不如向天学习

我以前在文章中讲过，一个人只有见过好东西，接触过好人，自身的品位上去之后，才能够不被普通的东西所迷惑。

所以，庄子在讲《大宗师》的时候，会特别把自己认为的真人状态描述出来。比如，卓而不群但不坚执，心智开阔但不浮华；一举一动貌似迫不得已，但内心充实面色可亲；精神辽阔犹如世界般广大，但沉默不语，呈现封闭的状态；不用心机的时候似乎忘了要说的话。（你有过欲言又止的体会吗？心里面有很多感觉，可是话一到嘴边，甚至刚刚说出一两句，就知道这并不是自己想说的。语言是如此苍白无力，以至于不如沉默。）

为什么有些人可以活成这样的状态呢？庄子在这一段的结尾处点题："故其好之也一，其弗好之也一。其一也一，其不一也一。其一与天为徒，其不一与人为徒，天与人不相胜也，是之谓真人。"

这段话好像绕口令一样，然而恰恰就高级在这里。因为世界本身是一个整体。你喜欢它，它是一体的，叫作"其好之也一"；你不喜欢它，它也是一体的，叫作"其弗好之也一"。

无论你认不认同它，反正同一个世界，同一个梦想，也就是"其一也一，其不一也一"。冯学成老师在《禅说庄子》中讲道："真正有见地的人，他的言行举止就很平安吉祥，没有那么多是非，没有那么多蔽障，没有那么多可与不可。他的表现只有一个，就是'其一也一，其不一也一'，他的言行举止、精神世界就是这样的。这就是道人的表象，我们拿什么来评判一个人是不是有道行，就在这个地方看。'其一也一，其不一也一'，真妙不可言啊。"

以前，我有个朋友叫"王也一"。当时听到这个名字后，我觉得好高级啊。原来，他的父母是读过《庄子》的。因为一个没有读过《庄子》的人,实在没有办法取出如此好的名字。

庄子接着说,当你承认自己和整个外部环境或宇宙是连成一体的时候,你就是上苍和大地的学生,叫"其一与天为徒"。否则,你就是"与人为徒",只能够成为普通人。为什么这样理解呢?因为此处正是回应"大宗师"的主题。

庄子认为,世界上并没有老师,向某个人学习,或者说做某个人的学生,其实都是不究竟。因此,最终还是要向天学习,以"天道为宗师"。

皈依佛,皈依法,皈依僧。从本质上来说,皈依佛的目的是把其作为介质,向背后运作的体系学习;皈依僧是把其当作介质,皈依天地之间的游戏规则。从这一点上来说,皈依佛与皈依僧倒是一样的。**我们拜师并不是拜某个人,而是拜他身上的世界观和宇宙一体的体验感。**

我觉得庄子已经特别清楚地告诉了我们,每个人最终可以向谁学习。

向大自然学习的力量

那么，你的困扰在哪里？你的困扰是不是老公不给力，不像别人家的老公那样长得帅、能赚钱、感情专一、出门帮忙拎包、回家帮忙扫地，甚至父母双亡没有公婆的管束？

如果这些是你的问题，那么你可以向谁学习解决的方案？你会发现，在你的身边根本找不到一个足以让自己学习的朋友。这时候你可以向世界和天地学习。比如，云和风。假如它们是一对伴侣的话，云被风推着走，而风可以用自己的力气行乾道，云可以用自己的美貌行坤道。如果你是一个对自己的婚姻状态不满意的人,你可以向云与风的状态学习。无论有没有风,云都保持着自己的美丽,一旦风来了,云也可以随着风走一段;如果很糟糕的风吹来了,云就化开,找一个合适的机缘,再重新聚成一片美丽的云。

向天学习,这就是《大宗师》的本意。

有很多人的困扰是,找不到合适的男人托付终生。你可以看一下,一朵花绽放的时刻是很美丽的。如果它运气好的话,被做成标本,然后被珍藏了起来。但是,大部分花只不过是按着时间开、随着时间落。当明白大部分花只需要该吸收阳光的时候吸收阳光,该归于尘土的时候归于尘土,你就不会那么强求找到一个采花人把花做成标本了。

这就是向大自然学习的力量。这两个例子看似风花雪月,却指向了一个很残酷的现实——**不要等待别人为自己做什么。一旦心里对于有人会来拯救自己抱有幻想,等着别人来成全自己,那么无论这个人出现与否,你都不会快乐。**

就像一片云和一朵花一样，这就是庄子观察自然之后发现的人世间的真相。我们每个人都只不过孤零零地活在世上。在现实生活中，你会用某种奇怪的方式，瞬间了解到自己一直以来羡慕的人，也有值得同情的地方。

所以，庄子在最后一句说，如果你能够理解可以效法的是天地，自己就是一片云或一朵花的话，那么祝贺你，你已经开始接近真人的状况；如果你还是要向某个人学习，或在别人身上才能够找到人生经验的话，那么祝贺你，你还只是一个普通人。

重要的事都不可能被写在书里，
因为能够告诉我们的都不是真相

  我非常不建议父母给孩子讲励志的人生故事、英雄人物故事或名人传记。曾经，我写过别人的传记，也读过别人的传记，甚至想过写自己的故事。但当沉静下来去看这件事情的时候，我发现，重要的事情都不可能被写在书里，因为能够告诉我们的都不是真相。

  谁能够告诉你，告诉你的都不是真相这个事实？别人的故事，我不懂也不能够理解。起码我可以告诉你，正安之所以成为正安中医，并不是基于多么宏大的理想，只不过是因为小梁的痛风。我不想到处求人看病，也不知道该怎么插队塞红包，这才不得不自己开了一家医馆。

想想《国学堂》节目的开播，也是因为起初我想采访徐文兵老师。不过，我觉得徐老师自己开的课太贵了，与其去上他的课，不如请他来录节目。后来，我发现我们聊得还挺愉快。如果去听徐老师讲课的话，不能够插话，不能够随时提问，因为他有自己讲课的完整体系。假如在他讲课的时候全班同学都插话，他该怎么讲下去？但是，和他做节目的时候，我随时都可以提问。

其实，**很多后来被描述为挺有意义的事情，起初都基于微不足道的原因。**从本质上来说，《梁冬说庄子》就是在"喜马拉雅"的两个创始人朋友——余建军和陈小雨（一位具有英雄豪杰的坚韧气概，一位则是大美女）的撺掇下完成的。那个时候，他们需要做付费的知识栏目，就想找我和吴伯凡做《冬吴同学会》，而做《冬吴同学会》的机缘还不成熟。于是，他们就想先做一个"阉割版"的东西——由梁冬一个人做。因为当时吴伯凡老师已经签了"得到"平台。

因此,《梁冬说庄子》是由做别的事情而顺带诞生的一颗种子,再加上我曾经有过借由讲《庄子》去学习《庄子》的想法。因为如果不是由一个人来讲的话,大家往往不会去认真学习《庄子》。

当知道很多事情的开始只不过是基于荒诞甚至无厘头的原因时,你就对所谓的人物传记开始充满怀疑。因为在书里面,好像那些人的伟大都是经过上天的加持、个人巨大的愿力、不屈不挠的精神,以及中间各种跌宕起伏的故事贯穿而成。起初,他们同样过着普通人的生活,也许大部分人都不知道自己能够达成今天这个样子,甚至不太确定将来会怎么样。

我之所以说这些,就是告诉大家,不要去读所谓的人物传记,不要以别人的故事作为模板,更不要简单地向某些人学习,因为那些都只不过是一个个片段。**庄子告诉我们,要向自然学习、向环境学习,在每天与整个环境的互动过程中随机而变。**

以自然为师,而不是以人为师

很多做企业的朋友,学习了太多BP(商业计划书,business plan 的简称)、学习了太多PPT 的做法,然后去忽悠一些VC(风险投资,venture capital 的简称),这些都是当代人类的故事。

但是,从本质上来说,做企业只需遵从两个丛林法则:第一,你只要足够强,就可以吃掉别人;第二,你只要小到微不足道,就可以躲在幽暗的角落里自生自灭。

如果你觉得自己不是禽兽型的人格,就不要创业,除非你已经决定自生自灭、尽可能活得长一点儿,且不太具有攻击性，但也不怎么赚钱，以至于别人连吃掉你的欲望都不会有。这样的话，你就可以找一个幽暗的山谷，在那里保持"野百合也有春天"的状态。

其实，做人也是这样。想想看，嫁一个特别好的老公，该多操心哪。有一次，我们几个同事一起去吃烧烤，其中唯一的女同学说："只有我一个女人跟你们一起吃烧烤，感觉真好。没有攀比，也没有暗中的比较。"我深以为然。

以自然为师而不是以人为师，这就是《大宗师》在"真人"这一段里最想跟大家分享的内容。

如果你能够让自己的所作所为与大自然的游戏规则保持一致的话，你就是真人了。作为真人，到了晚上只能做一件事情，就是当一只蚊子飞过来的时候，啪的一声，你扇了自己一记耳光来驱散蚊子的偷袭，然后心满意足地安然睡去。

不要去追风口,不能看别人做了就跟着做,而要看时间和生命,做自己本身应该做的事情。

第九章

在算法为王的时代,生死、爱恨不再绝对

原典

死生，命也；其有夜旦之常，天也。人之有所不得与，皆物之情也。

彼特以天为父，而身犹爱之，而况其卓乎！人特以有君为愈乎己，而身犹死之，而况其真乎！泉涸，鱼相与处于陆，相呴以湿，相濡以沫，不如相忘于江湖。

与其誉尧而非桀也，不如两忘而化其道。

夫大块载我以形，劳我以生，佚我以老，息我以死。

故善吾生者，乃所以善吾死也。

一切生命都是应时而生、按时而化

　　死生，命也；其有夜旦之常，天也。人之有所不得与，皆物之情也。彼特以天为父，而身犹爱之，而况其卓乎！人特以有君为愈乎己，而身犹死之，而况其真乎！

　　这段话的意思是：死生都由天命，像日夜运行一样自然，并非人力可以改变，因此不必常常挂念。

　　人们认为老天给了自己生命，所以把天当作父亲一样敬爱，但还有比天更高一等的道；有人认为君王的地位比自己高贵，就肯替他效忠甚至献出生命，但还有比君王更高贵的真人呢。在本节前面，庄子描述了所谓

"真人"的状态以后,话锋一转,开始讨论到底是什么创造了世上的一切。庄子认为,世间的一切都是上天创造出来的。

在某些时候,我把"天"约等于时间。想想看,如果地是空间的话,天就可以被解释为时间。如果时间停止了,就不存在所谓的天生。因为一切生命都是应时而生、按时而化。同样的父母生出一对双胞胎,仅仅因为出生时刻的一点点差异,两个人的性格却有很大的不同。于是,庄子说,这背后是不是还有比天更高的机制来决定你是什么时候出现在人间的?

道家有句话,"人法地,地法天,天法道,道法自然"。从这句话我们可以看出,天不是人这个层面上的最高维度。

通常,我们把具有长宽高的体积称为三维,再加上时间这个维度的话就称为四维。但是,超越四维以上的是什么呢?可仁伸出一只胖胖的手,上面沾满前一晚烤羊肉串的孜然香味,比划着手指说:"可能是五维。"

一切都可以被运算出来

庄子是无神论者,他认为一切都是按照某种运行机制产生的。这就是算法为王啊!

读过《未来简史》的朋友一定都非常清楚,一切都是算法。现在,一些过去不能够被理解的东西都可以被运算出来。如果你仍然认为不可以,那是因为你的运算能力还远远不够。

之前,我们研究区块链和比特币的问题。几年前,当大家都不知道比特币是什么的时候,有人为了证明比特币有价值,就打比方:一万个比特币能够买一个披萨。而现在,一个比特币接近三千多美元,也就是快两万人民币。现在，如果拥有一万个比特币的话，就相当于拥有两亿元人民币。当年，有一哥们儿用两亿元人民币买了一个披萨，而现如今你只需要大概五十个比特币就可以买一辆奔驰600S，相当于一百多万人民币。

大家都知道，比特币是通过高等数学大量运算的算法产生的。它的总量是有限的，而且大概每四年地球上可以产生比特币的数量就会衰减一半。最开始的时候，挖比特币比较容易，但它会越来越少。现如今，日本和美国的许多州已经承认了比特币的合法地位。在德国，比特币可以进行买卖。中国的比特币买卖也可以在央行的监管下进行。

其实，相较比特币涨得更快的是一个叫"以太坊"的东西。以太坊是一个二十六岁的年轻人创立的一种机制，最开始跟比特币进行锚定，然后利用区块链技术架构出了一个应用市场。大家都可以用他开发出来的区块链技术去做各种基于这套算法的积分、信用保证体系等应用，然后把以太币作为交易成本。

在谷歌或百度搜索后你会发现，比特币、以太坊以及莱特币的狂热代表了一种很有意思的态度——世界可以通过计算来相互咬合。打个不太恰当的比方，比特币的机制犹如中国古代建筑或者家具的榫卯结构。

古时候，很多家具的制作都不用钉子。不能随便说"在木板上钉钉子"这件事情，一旦提及就意味着在做棺材，因为棺材需要在木板上钉钉子。高级的家具都不需要钉钉子，而是通过木结构自身的拉伸、榫卯以及咬合来形成。天坛、赵州桥等古代的大型建筑也都是榫卯结构。

其实，"钩心斗角"的原意并不是贬义。李敖先生说，"钩心斗角"的原意就是彼此之间咬合之后的结果。

比特币就是利用全世界开放的算法，让所有人的账本都彼此咬合而形成的货币体系。比特币的算法的确是一个非常伟大的人类发明。迄今为止，人们无法超发比特币，因为每个比特币都是被确定的。如果说以前的互联网传递的是信息的话，比特币以及区块链技术就是在传递信用。

关于比特币的问题稍微复杂一点儿。按道理说，不应该在《梁冬说庄子》里面讲这个话题。但是，我很想跟大家分享的是，无论阿尔法狗、比特币，还是Facebook人工智能（让两个机器人彼此对话，它们竟发展出不同于人类语言的对话）这件事情，我都认为它们本身的逻辑几乎是成立的。

这种算法似乎在暗示着某种可能性——整个宇宙遵循着一套极其宏大、精妙的算法体系。基本上，当今的科学界已经开始认同，算法是世界上很重要的机制。

为什么有很多东西我们无法作出预测

假如世界是一套算法的结果,那庄子是怎么说的呢?庄子说,人们觉得时间赋予我们生命,然而我们怎么知道在这个时间的背后不是基于某个算法而产生出我们对于时间的感觉呢?

庄子认为,很多人遵循自己敬仰的君王,但这个君王可能也是奉天承运——奉着某种算法被运算出来的结果。那么,人们应该向君王、时间还是最终的算法机制学习呢?因为受时代的局限,庄子只知道整个运行机制具有某种方式,但他无从理解这种运算是如何开展的。

读《庄子》的时候,我们一方面要领悟庄子的历史远见、对人心的洞察以及由他所处的社会阶层形成的世界观；另一方面必须清楚地意识到，我们活在一个庄子未敢设想的时代。

也许之所以有很多东西无法作出预测，仅仅是因为我们的运算能力不够。但是，背后的游戏规则却深深地让所有人着迷。其实，用算法还是用运行机制来形容这个东西不重要，庄子很清楚地向我们传递出这样的信息——他是无神论者，只相信世界是由某种机制产生的，它无色、无形、无相。

"死生，命也"，也许所谓的生死只不过是整个算法里面不同的表达而已，不像我们想象的那么绝对，而是在时间序列里面呈现出来的阶段性的相。生命如此，爱情也是这样。

我的一位同事已经第二次离婚，他跟我分享对婚姻的看法时，我已经明显感受到他的超然。他对我说："婚姻这件事儿，真不如一个孩子来得重要。婚姻只不过是人生的一个阶段，孩子才是生命的延续。"这句话让我欲哭无泪。我看着这个比自己小许多的年轻人，突然发出了他和我是同龄人的感慨。因为这位当年活蹦乱跳、加班三十六个小时不睡觉的年轻人居然说出这样沧桑的话。

看到这里,你有没有想要赶紧去冷冻卵子的冲动?然而,据说靠冷冻卵子的方式生出孩子的成功率不是很高。

想想也是够残忍的,让你的孩子在出生之前先在冰箱里待七八年,万一你把他忘记了,让他一二十年以后再出来的话,或许整个都被冻住了。就像一个冷笑话说:"从前,有一个剑客站在紫禁之巅,他的剑是冷的,他的眼神更冷,他的心冷上加冷,结果他被冻死了。"

心有"大道",却做着"小盗"

有时候,我觉得自己具有一种强烈的精神分裂症倾向:明明是一个深情款款的人,却要在《冬吴同学会》里面放浪形骸;明明是一个放浪形骸的人,却要在《梁冬说庄子》里面深情款款。

其实,很多人活得都很分裂,比如,为应对限购政策而纠结买房子时应该离婚还是复婚;为孩子的学习成绩而焦虑得睡不着觉;为朋友圈里的其他父母炫耀自己孩子的"特异功能"——骑马、击剑、绘画等特长而思考究竟应该选择什么样的辅导机构……

为什么我们不能够像庄子一样逍遥物外？答案很简单——我们的心里面被迫装着一个"大道"，却在世间做着一个"小盗"。说得好听一点儿的话，我们无非在世间借大家的资源用一用，但这不也是一种"盗"吗？

人生的悲剧——相濡以沫

庄子常常活在"其大无外,其小无内"的状态里,瞬间膨胀、瞬间逼仄——被逼在狭窄的地方。比如,下面他讲到的"相濡以沫"的故事。

一次天大旱,河水干涸了,江断流。无论大鱼小鱼还是公鱼母鱼,全都挤在只剩下一汪水的滩头里,它们被迫鳃靠着鳃、口对着口,我吐一口口水给你润一润喉,你再来吻一下我的唾沫。在这样严峻的环境中,鱼儿互相借着一点儿口水来生存。"大难临头成好友,死前结婚成佳偶",这真是一种极具况味的深情厚谊。

试想一下,在最后的悲壮时刻,我们手牵着手,让生命充满如此绚烂的壮烈感。但是，这种悲剧的美，哪有本来我们在大江大海里面根本不知道对方，根本不理对方的那种自由来得好呢！**在开阔的世界里，你不需要顾忌我，我也不需要顾忌你。我们天水各一方，永远不碰头，这就叫**"相濡以沫，不如相忘于江湖"。

小的时候，我看过这个故事，大概也知道讲的是什么意思。但直到目前，我才越来越感受到庄子的伟大之处，他用一个这么简短的故事指出，我们每个人在心智模式里面如此趋同，被社会的共同价值观绑架在一个很小的范畴里面，从而导致你争我夺的悲剧。

也许我们会幻想，在这个社会里，每个人的心灵能够处在巨大的江湖似的时空体系里，没有被共同价值观绑定在小小的利益里面。然而，事实并非如此。过去几年，大部分人都希望拥有一套七十年之后不知道产权属不属于自己的房子，这就是共同价值观，这就是那一汪水。

一个人成为优秀的小学毕业生，成为优秀的中学毕业生，成为优秀的大学毕业生，成为优秀的海外留学生，然后找到优秀的配偶去"繁殖"。于是，再生出优秀的小学毕业生，他再成为优秀的中学毕业生……

运气好的话，这个人还能看到如此优秀的第三代。所谓成功人士，也就是这样吧。自己成为优秀的毕业生之后，看到自己的孩子成为优秀毕业生，再看到自己的孙辈成为优秀毕业生。如是这般，这就是那一汪水。

不仅如此，那一汪水还被细分成很多汪水。比如，在优秀这件事情上，一些女青年想要遇到这样的男青年——"潘驴邓小闲"（像潘安一样美感，驴大哥一样性感，钱多得跟汉代大富翁邓通似的，还要小心翼翼地呵护女人，对她们体贴有加，有较多的时间陪着女人的男人）。如此，就是更小的一汪水。

我发现，以上这些事情就是我们人生的悲剧，因为我们在无法辨别这些事情之前，已经被设定为自己只能活在那一汪水里面。

然而，庄子说并不是这样的。在很久很久以前，人们、鱼们、"人鱼"们都活在广阔的江湖里。那个时候，彼此之间不需要相互挤在狭小的空间里面，不用在螺狮壳里面创造伟大的爱情或悲剧。

于是，问题随之而来。有人就会反驳我：即使知道这些又有什么用呢？我知道自己不应该被房子绑架，房子是用来住的而不是用来炒的；我知道钱多了没有用，反正也是给别人花；我知道老婆脾气糟糕，但一想到还有比她脾气更糟糕的人，我就舒服多了；我知道孩子被同学以及同学妈妈的作派捆绑之后，成为马术、跆拳道、作文等辅导机构里面的常客……我知道这一切都是悲剧。就算知道这些就是那一汪水，我又能怎么办呢？

我只能说，这是一个非常好的问题。如果我告诉你我也跟你一样，你会不会觉得舒服一点儿？其实，大家的悲剧都是一样的。就连我所看到的超然物外的人，他们只是在不同的层面上被迫"相濡以沫"。当你知道这就是无法跳脱出来的生活时，你会怎么办？

如何得到"相忘于江湖"的自由

我认为,只有以下三种心态来面对人生的难题。

第一种心态:即使自己已经深陷"相濡以沫"的状态,由于和别人是一样的,所以没必要有太多抱怨。

第二种心态:一些人由于种种原因,没有结婚或者离了婚。那么,他们应该心生一丝窃喜。如果真的觉得单身状态是江河湖海里面美妙的自由的话,就不会对自己没有结婚或者离了婚而心生怨恨。心念一转,世界便转。为什么不能将发泄愤恨、妒忌、等待、不知所措等情绪的时间用来做抬头看天、深深地呼吸、与喜欢的人约会这些自由的事情呢?

有一天，我上大学时一个宿舍的同学们聚会。席间，一位已婚的同学以一种深长悠缓的方式羡慕一位离了婚的同学（当然，我在此声明这不是我所提倡的价值观，而是他是这样想的），因为我能够看到他眼中流露出来的无比羡慕的目光和嘴角洋溢的欢快。而一个没有结过婚的同学，由于没有婚姻生活的影响，他可以花很长时间做论文，还去香港某大学做了客座教授。

试想一下，若是他被婚姻生活绑架的话，估计很难达到这样的成就。所以，如果你由于种种原因不能过上正常人所谓的那种"一汪水里面的幸福"的时候，《庄子》就给了你一剂良药——让你知道单身也是一件幸运的事情，起码没有想象中那么悲惨。

第三种心态：想象一下，你有多长时间没有与人交换过口水？看到这里，也许有人会禁不住哭出来。也许有人会觉得交换口水这件事情很让人恶心。那为什么许多人都认为法式湿吻是一件很浪漫的事情呢？这让我想起早年在百度的时候，经常会看人们在网上问什么问题。我发现，一个排名靠前的问题竟然是"如何接吻"。实际上，"吻"这个字想起就很美，比如，燕子的口水混合而成的东西叫"燕窝";而人的口水混合而成的东西里面,说不定胶原蛋白含量更高呢。试想,如果两个人交换过口水,那是一种怎样的海誓山盟啊。不过,读过《庄子》的人会告诉你,哪怕可以这样相濡以沫,我仍然在内心里面永远有一个相忘于江湖的梦想。

如果你已经过上这种"相濡以沫"的生活,如何得到"相忘于江湖"的自由?我认为只有一个方法,就是闭上眼睛做深长匀缓的呼吸,然后独自进入梦乡,至少在那里你是自由的。我劝大家现在还是好好享受自由做梦的人生吧。或许一二十年之后,梦的上传和下载技术就会出现。到那个时候,你在梦里面做的小坏事也会被记录在案,并成为积分体系的一部分。所谓权利,就是有人可以打开你的梦的"博客",看看你都做了什么样的梦。

一想到人类的未来会是这样,你会不会产生一种终极的期望或者终极的绝望?不过告诉你一个好消息——一切生机都来自深深的绝望。

追风口有什么下场

"夫大块载我以形,劳我以生,佚我以老,息我以死。故善吾生者,乃所以善吾死也。"这段话是说:大地生我成形,令我在有生命的时候去劳动,老的时候得以安逸,死后可以休息。既然有生,势必有死,所以我的生是幸运而美好的事情,即使死去也应该是美好的。

所谓生死,可以体现在人世间很多事情上面。一家公司的生死亦复如是。我看到一则消息,一家重庆的公司为了赶风口,做了一个类似摩拜单车那种共享单车的东西。他们本身没多少钱,也没融到资,匆匆地把几百部单车放到重庆,没想到这些单车瞬间就找不到了,只好开着车满城去找它们。

我还看到一篇微信文章,讲的是这家公司的创始人对这次创业经历的感受。他花了几百万去做这件事情却没有做成,最后说就当老子做了公益事业。我可以感受到那种做公益事业的情怀。难道不是这样吗?我们常常活在瞬间的开始和结束之中。这家公司不是应天地而生,只是基于赶风口而生。创始人没有秉承天地之气,不是以天地、时间或算法为师,而是以做过这件事情的人为自己的老师。结果,一出手就能够看出来不是"大宗师",所以over得也算适得其所。在那篇微信文章中,这位创业者不断强调的一个核心观点就是:不要去追风口,不能看别人做了就跟着做,而要看时间和生命,做自己本身应该做的事情。

到底什么是我们人生的使命

那么,什么是自己本身应该做的事情呢?这是一个老生常谈的话题,我们也常常讨论到底什么是我们的使命。如果你相信自己有使命的话,那就是发自内心想做或者不得不做的事情。庄子说真人做事就是无可奈何。你会发现生命中总有一种力量推动着自己只能做这件事情。

当年,就好像有一种奇怪的力量让我兜兜转转,折腾了几乎一年的时间,最后只能去百度。去凤凰卫视工作的时候,也是这样。就连《梁冬说庄子》和《冬吴同学会》的诞生,也是这样。总之,好像一直有一种东西推动着我。

最有趣的事是做《生命》系列纪录片的契机。那时候，有一个朋友对我说："你不要做生意了。不如我给你捐一笔钱做《生命》系列纪录片吧。你采访的人和你们团队做的片子都非常好，我就愿意和你一起做这件事儿。"我说："有什么要求吗？"他说："没有。"我说："要回报吗？"他说："不要。"我问："要版权吗？"他说："不要。"我说："那你做这个干什么？为什么你要支持我？"他说："因为这个东西好，我喜欢。我本来就有一笔捐出去的预算，也不知道捐给谁，不如捐给你吧。"

通常，面对这种情况时，我都会沉默着等一等。然后，过一段时间之后，看看这哥们儿是不是还要做这件事儿。总是有一些朋友会给我这样的鼓励和帮助。后来，我就接受了。既然他们不要别的，只需要我按照自己的方法做出来，那好，老子做给你看。我们的《生命》系列，就是这样慢慢慢慢地，一集接着一集地制作出来了。

还有一件有意思的事情，当我特别想采访一位老师的时候，一起心动念，这位老师就来了。现在，连我们《生命》系列纪录片的导演七爷都有这种超能力。

我们在日本采访松下幸之助多年的朋友时，有人问："你们想采访鸟山明（日本著名的漫画家，代表作有《阿拉蕾》和《七龙珠》）吗？"我们的导演七爷正是《七龙珠》的粉丝，或者可以说他是爱好各种二次元的人，有一些日本漫画的内容还是挺深刻的。当听到可以采访鸟山明的消息时，我们的导演七爷都颤抖了。他说自己不是明确发愿，只是心里面默默地觉得，如果有机会可以采访鸟山明就好了。结果，别人主动说我们可以采访鸟山明。

我想，到底是一种什么样的力量在推动着我们？其实，如果你是做某件事情的人，只要把手头上的事情做好，你梦寐以求甚至想都不敢想的东西，就会奇迹般地出现。

我祝愿你一百个梦想都不会实现

我特别喜欢宗萨蒋扬钦哲仁波切说的一句话："我祝愿你一百个梦想都不会实现，我希望你认真把每一件事情做好。"

有一段时间，我一直失眠，找了各种方法去调理，效果都不是很好。我查了很多中医方面的书，看到其中有些内容会把自己吓得半死。后来，我就决定做"自在睡觉"这个项目。于是，开始接触市面上种种检测手段和治疗方法，慢慢地了解人为什么需要睡觉、为什么会做梦。我才发现这里面蕴含着如此巨大的秘密，原来睡觉是如此广博地与未来紧密相连。

当我开始做这件事情的时候，许多做意识科技的同学和朋友就出现了。各种推荐和宣传的声音就在我的耳边响起："你戴上这款手表，就能够看到自己有没有禅定。""睡到这个舱里面的话，你就飘起来了，完全可以感受到婴儿在母体般的放松与自在。""你用这个远红外成像技术的话，就能看到是哪一条经络不通从而导致你失眠。""你用了这个呼吸机，就可以看到很多人睡不好觉，都是跟呼吸暂停综合征有关。""你用这个测试仪，就可以把睡不好觉时的体温和血氧含量测试出来。"……

除此之外，做高端民宿酒店或在风景名胜区里面买到地的朋友都说："梁冬，我们做一家睡眠酒店吧。"此时，真的就有朋友带着钱、技术或者自己未来职业生涯的一大段时间来了。于是，我们准备做一家真正可以帮助人们睡好觉的酒店，就像一家睡眠银行。将来，休假七天去十四个欧洲国家旅行这件事情会显得太 low（低端）。我们设想，高级人士七天的休假应该是到睡眠酒店睡饱七天。

你知道真正睡饱以后的感觉是怎样吗？夏至当天，最适合睡一个深甜的午觉。于是，夏至那天一大清早，我就请大夫在喜舍里面帮我做灸疗。当时，我听到了自己打呼噜的声音。我还告诉自己，没睡着的话怎么能打呼噜呢？那种躺着的时候能打呼噜，趴着的时候也能打呼噜的感觉，实在是太奇妙了。以前，我认为一个人不可能听到自己打呼噜的声音。然而，当时我真的听到了，不过后来就没再听到。那天，我醒来的时候，已经是下午两点半了，而且是被别人吵醒的。睡醒之后，我不用照镜子就能够感觉到自己两眼炯炯发光，是睡饱觉之后的满血复活。

所以，优秀的睡眠酒店一定可以帮助人们在睡眠当中充电、杀毒、消除心理疾病，让自己在梦里面跟仇人说："我不需要原谅你，也不需要你原谅我，就这么着吧。"在梦里面，可以进入深深深深的无意识自由。一想到未来会出现这样的睡眠酒店，我就兴奋不已。

在打坐的时候，我已经看到这家酒店的样子，它应该拥有什么样的远程全方位脑波检测，以及可以帮助人们迅速进入深度睡眠的设备，**不追求婴儿般的睡眠，我们追求婴儿父亲的睡眠**。我还想象，这家酒店里面的空气是甜的，它的换风系统除了吸进氧气之外，还应该有适合脑波的各种气味;我还想象,这家酒店应该以什么样的方式去屏蔽会影响睡眠的各种波谱;我还想象,这家酒店如何迅速地对失眠症状进行分解……念头之所以会升起来,正是与我之前失眠的经历有关,这就来自我的使命。

我讲这一大段故事,只是为了回应刚才的问题——怎样才能知道自己的使命是什么。你会发现,**你的使命就是现在让自己痛苦或不得不去解决的问题,尤其是让你痛苦的事情。解决它,并把解决方案分享给众人,你就获得了这一段生命的使命。**

开始的时候,你会很愉快;结束的时候,你会很释然。这就是庄子说的"故善吾生者,乃所以善吾死也"。

不要简单地把"生死"理解为狭义的吸进第一口气和呼出最后一口气。我们需要把生活里面做的工作、谈的恋爱等全部纳入宏大的事业当中。因为这一切都和你的使命有关。

"在无奈之中寻找快乐"
是一种重要的生存能力

我必须常常告诉自己,也要告诉同学们,这是小梁的读书笔记,一定是谬误百出的,所以千万不要认为小梁讲的就是正确答案。我甚至有些时候隐隐地觉得,庄子讲的都未必是正确答案。幸好庄子给了我们一个终极万能钥匙,那就是:其实没有正确答案。

何勇有一首歌叫《钟鼓楼》,里面有一句歌词是"到处全都是正确答案"。我很好奇,觉得历史总是有一种很奇怪的魔力,能够把这首音乐和那种歌词,以一种奇怪的方式混搭在一起。在很长的一段时间里面,我都不能够分清楚"野猪拉屎了",和"吴倩莲的风和雨"到底有多么深远的历史纵深感。

看《唐老鸭和米老鼠》的时候,总是有个人在说"野猪拉屎了"。过了十五年,我才知道他说的是"演出开始了"。后来当我明白这句话的时候,刘德华总是在唱"五千年的风和雨",而当时我一直在想:这个"吴倩莲"她为什么会有"风和雨"?

我举这些例子是想说明,很多事情会混淆、重叠、无厘头、自相矛盾,甚至很荒谬。就像我们在《庄子》里看到的,这一分钟庄子说孔子是一个大V,下一分钟庄子又把孔子作为一个有趣的怪老头请出来。其实,庄子自己又何尝不是这样的人呢?

读了《庄子》,你可以想象到庄子被老婆一脚踢出门去借米的场景——庄子出门后,在路上看到一汪水,水里面有两条鱼。于是,他就蹲在那里看了一个下午,全然忘记了"去借米"这件事。我想,大概这才是庄子真实的生存状态。

在无奈之中寻找快乐，可能是我们一生中唯一可以向庄子学习的最重要的生存法则或者生存能力吧。

有一次，我去山西看李可老师。师母告诉我："你师父特别可乐，看病看累了或家里有不高兴的事儿时，他就一个人出去。看到街上有人在下棋，他就蹲在旁边，一看就一个下午。"

我师父是一个满头白发、精精瘦瘦的小老头。我想象：他蹲在地上，用手托着下巴，抱着膝盖，正享受着一个毫无意义的下午。想到这儿，我竟然感到一丝有趣，又有一点儿心酸。他是一位何等伟大的大师啊，却无奈地在那里寻找一份宁静！想必庄子也有这样的情况吧。

庄子在水塘边感受到的就是"相濡以沫，不如相忘于江湖"的况味——与其我们在小天地里面小恩小爱，不如去巨大的湖或网络空间里遨游——虽然看不见彼此。

一别两欢,各生欢喜

一些朋友喜欢用一种软件去刷微博,看看到底是谁已经取消了对自己的关注。这又何必呢?你知道有人默默地取消了对你的关注,又能怎样呢?你能够伸出手扇他一耳光,还是你在心里面又记下一份"书剑恩仇录"?别人不关注自己,自然有不关注的理由,你不是也悄悄地取消过对别人的关注吗?

还有一些朋友非常焦虑,他们给朋友发微信,结果对方没有回应,继续发两条,别人还是没回应,他们就觉得自己受到了不公平的待遇。反过来说,你是否每一条微信都及时回复呢?**为什么一定要保持紧密的联**

系或者如此清静的相濡以沫呢？在广阔的世界里相忘于江湖，一别两欢，各生欢喜，每个人都有自己遨游的空间，又有什么不好呢？

像庄子、李可老师这样的人，他们的身体一直活在狭隘的世界里，受制于种种局限，但在他们的意识中，自己永远都和一个更广阔的世界在一起，不像我们如此在乎周遭人与自己的关系。我认为他们之所以能够达到这样的境界，是因为庄子在下文讲的原因。

庄子认为，把东西藏在哪里都有可能丢失。而如果把天下托付给天下，就不会丢失，这是万物常在的情景。所以，圣人游于不得亡失的境地而与大道共存。

看到这里，你还觉得自己能够藏得住什么吗？你还觉得自己可以通过某种方式拥有什么吗？老公出门以后，他就不再是你的；儿子到外地上大学甚至去国外读中学，他就不再是你的；你把钱存在银行里，以百分之七到百分之八的通胀率来计算，每年每一百块钱就有七块钱消失。有些人会说，买比特币的话，这样的情况就不会发生。然而，买完比特币之后的密匙（匙钥）——很长的一串代码是被藏在电脑里面的。如果有一天电脑坏了，就再也找不回来了。据说，迄今为止世界上很多比特币已经被挖出来。但是，由于当年比特币太不值钱，拥有它的人居然不知道把它存哪里了——这还不像把钱存在银行，你可以找回来。比特币不会再有了，即使挖也挖不出来，就连找也找不出来，也没有银行管理它，只能让它回归天地。

企图拥有某样东西，注定是绝大部分痛苦的主要源泉

你认为还有什么东西是自己的呢？一篇文章明明是我写的，我们把这些文章放在网上后，不知道哪个道家、佛家、法家或追求传统文化的网站不写转自哪里，直接就贴在他们的网站，作为自己编辑发表的专业文章。我的很多朋友找到这个拷贝给我看，说："梁老师，这些人太无耻了，也不发是谁写的，就直接用。"

坦白地说，咱们学《庄子》的人多少还是明白一点儿。曹雪芹把《红楼梦》写出来以后就不是他的了。一部《红楼梦》没有养活曹雪芹，但起码养活了一万个红

学家，还养活了更多靠讲《红楼梦》成为知识界大 V 的人。说得无耻一点儿，现在小梁讲《庄子》也不知道该如何给庄子付版税。庄子也早就知道"一切都不是你的，一切都不可能是你的，你只能把它交与世界"。

很多人还没有意识到，一个大的变革时代正在来临。究竟是什么呢？马云先生和刘强东先生分别提出共产主义和社会主义正在因为技术的变革而变得越来越近的时候，我觉得他们在很大程度上对此是有思考和判断的。尽管和所谓主流经济学家的观念不一样，但他们是做事情、看数据的人，看到了"共享经济"以及中央数据共享平台的趋势和未来。

在这里，我劝还没有结婚的朋友不要着急。可能在下次结婚或者离婚之前，婚姻制度已经出现巨大的变革。我劝还没有买房子的朋友也不用太着急，也许房价还会在某些局部地区上涨，但从中长期来看，我相信一定需要一种机制来均贫富，让拥有过多房子而住不过来的人把它们吐出来，分享给没有房子的人去住。

那么，什么东西是你的？你用就是你的，你不用就不是你的。

以后，很多艺人都会把自己的照片或者脸形作为授权交给电影公司。他们只需要在家里待着，就有一堆后期制作公司的人利用他们脸部的照片和形象做成3D建模模型。于是，一部电影就被制作出来——你说这张脸是不是艺人的？

也许你会说，艺人可以靠这张脸收刷脸版权费。但是，未来的制作人不会那么笨，他们会把最受欢迎的五张脸（各自脑补心目中最美的五个女人或者男人的样子）在数据上合成。那个时候，我们明明看见的是李宗盛，怎么侧脸却像罗大佑？我喜欢的是鹿晗，怎么转过身来看到的是吴亦凡？可能都是，也可能都不是。总之，制作人会把不同的明星脸的不同的造型，以某种方式糅合在新的脸上，让每个人都能够看到自己熟悉的明星。但是，这些导演和制作人不会给明星支付"脸"的版税。因为那是一张创作出来的"脸"，并不属于任何一位明星。

当然，这只是在技术上可行的例子。因为我认识的几位新锐制作人正在做这些事（不是我们刚才提到的明星，只是这样举个例子）。你会发现自己的样子不一定属于自己，存在银行里的钱不一定属于自己，儿子不一定属于自己，老公不一定属于自己……可能只有一样东西属于自己——体检报告（而且也有可能是被拿错或者由于算法错误而产生新错误的体检报告）。

以上例子都在说明一件事情——未来，企图拥有某样东西注定是绝大部分痛苦的主要源泉。难道你不觉得佛经里讲的东西和世界经济的未来越来越接近吗？可能产权真的是一个伪命题。

在梦里，你是谁，谁是你，谁是你的，你又是谁的？